Algarve

Katja Krabiell, überarbeitet von

MERIAN-TopTen

Höhepunkte, die Sie unbedingt sehen sollten

 Feiras
Auf den bunten »Zigeunermärkten« ist manches Schnäppchen möglich (→ S. 19, 23).

 Karneval/Mandelblütenfest in Loulé
Karneval fällt in Loulé in die Zeit der Mandelblüte. Beides wird dort ausgelassen gefeiert (→ S. 23, 82).

 Festa da Pinha in Estói
Ein prachtvoller Reiterkorso erinnert an beschwerliche Reisezeiten auf alten Handelswegen (→ S. 23).

 Vila Adentro in Faro
Ein Spaziergang durch Faros verschachtelte und quirlige Altstadtbezirke ist ein Muss (→ S. 39, 40).

 Ria Formosa Naturpark
Die Kanäle der einzigartigen Lagunenlandschaft lassen sich per Boot erkunden (→ S. 40, 48, 88, 92).

 Ruinen von Milreu
Das Ausgrabungsgelände vor den Toren der Stadt Estói zieht jährlich unzählige Besucher an (→ S. 43).

 »Hähnchen-Hauptstadt« Guia
In Guia dreht sich alles um das liebe Federvieh. Hähnchen werden dort in allen Variationen zubereitet (→ S. 62).

 Ponta da Piedade
Eine vielfältige Gesteinsformation in der Bucht von Lagos, mit Grotten, Felsbrücken und imposanten Klippen (→ S. 71).

 Cabo de São Vicente/Sagres
Auf der kleinen Halbinsel nahm Portugals glanzvolle Ära als Seefahrernation ihren Anfang (→ S. 74, 95).

 Heilquellen von Caldas de Monchique
Schon die alten Römer wussten diese Heilquellen zu schätzen (→ S. 81).

MERIAN-Tipps ⇢
finden Sie auf Seite 128

Inhalt

4 Die Algarve stellt sich vor
*Interessantes rund um
Ihr Reiseziel*

10 Gewusst wo …
*Die besten Tipps und Adressen
der Region*

12 Übernachten
Schwelgen im Luxushotel
oder dezenter Komfort in einer
»pousada«

14 Essen und Trinken
Von einfach bis raffiniert, von
deftig bis würzig

18 Einkaufen
Altstadtläden, Shoppingcenter
und bunte Märkte

22 Feste und Events
Kulturelle und traditionelle
Höhepunkte

26 Sport und Strände
Auf der Sonnenseite des
Lebens

32 Familientipps – Hits für Kids
Garantiert keine Langeweile

36 Unterwegs an der Algarve
*Kompakte Beschreibungen
aller wichtigen Orte und
Sehenswürdigkeiten mit vielen
Freizeit- und Kulturtipps*

38 Sotavento – Faro bis Rio Guadiana
Ruhig und mit reichlich Sand-Kultur

52 MERIAN-Spezial
Arabien in Portugal –
Orientalisches Flair aus
Tausendundeiner Nacht

54 Barlavento – Albufeira bis Sagres
Goldener Sand, roter Fels und
laute Nächte

76 Westküste – Vom Kap nach Norden
Ein Mekka, nicht nur für
Surfer

MERIAN-TopTen
*Höhepunkte an der Algarve,
die Sie unbedingt sehen sollten*
⟵ Seite 1

MERIAN-Tipps
*Tipps und Empfehlungen für
Kenner und Individualisten*
Seite 128 ⟶

Erläuterung der Symbole

👪 *Für Familien mit Kindern
besonders geeignet*

♿ *Diese Unterkünfte haben
behindertengerechte Zimmer*

🐕 *In diesen Unterkünften
sind Hunde erlaubt*

CREDIT *Alle Kreditkarten werden akzeptiert*

⌧ *Keine Kreditkarten werden akzeptiert*

*Preise für ein Doppelzimmer
mit Frühstück in der Hauptsaison
Mai bis September:*
●●●● *ab 120 €*   ●● *ab 40 €*
●●● *ab 80 €*   ● *bis 40 €*

*Preise für ein Hauptgericht
(ohne Getränke):*
●●●● *ab 28 €*   ●● *ab 8 €*
●●● *ab 18 €*   ● *bis 8 €*

- 80 **Hinterland – Serra und Barrocal**
  Fernab vom Trubel der Strände

- 86 **Routen und Touren**
  Die schönsten Ausflüge und Wanderungen

- 88 **Entlang einer der zauberhaftesten Küsten Europas**
  Eine Luxuskreuzfahrt
- 90 **Auf dem Rio Guadiana**
  Grenztour auf dem Fluss
- 91 **Rio Arade von Portimão nach Silves**
  Auf den Spuren der Mauren
- 92 **Naturpark Ria Formosa**
  Lehrpfad mit Wattwandern
- 93 **Serra de Monchique**
  Wanderung zum höchsten Gipfel der Algarve
- 94 **Auf Stippvisite im unbekannten Osten**
  Landschaft von herber Schönheit
- 95 **Am Cabo de São Vicente**
  Mit dem Auto ans Ende der Alten Welt

- 96 **Wissenswertes über die Algarve**
  Praktische Hinweise und Hintergrundinformationen

- 98 **Geschichte**
  Jahreszahlen und Fakten im Überblick
- 100 **Sprachführer**
  Nie wieder sprachlos
- 102 **Essdolmetscher**
  Die wichtigsten kulinarischen Begriffe
- 106 **Die Algarve von A–Z**
  Nützliche Adressen und Reiseservice

- 115 Kartenatlas
- 122 Kartenregister
- 124 Orts- und Sachregister
- 127 Impressum

 Karten und Pläne

Algarve	*Umschlagkarte vorne*
Faro	*Umschlagkarte hinten*
Tavira	49
Albufeira	57
Portimão	67
Lagos	70
Kartenatlas	115–121

Die Buchstaben-Zahlen-Kombinationen im Text verweisen auf die Planquadrate der Karten, z. B.

⇢ S. 119, E 8   Kartenatlas
⇢ Umschlagkarte hinten, a 1

Die Algarve stellt sich vor

Ein Stück Küste zum Träumen: So ruhig geht es in der vielleicht schönsten Bucht von Lagos, der Praia da Dona Ana, allerdings nur in der Nebensaison zu.

Wo die Sonne untergeht und die Landkarte in Europas Westen endet, fängt der Urlaub erst richtig an! Die Algarve lädt das ganze Jahr über nicht nur zum Baden ein.

Die Algarve stellt sich vor

Die meisten kommen wegen der Küste, die zu der saubersten Europas gehört. Und wegen der Sonne, die den Süden Portugals verwöhnt. Vielleicht kehren auch diese Urlauber, die sich nur zwischen Hotel oder Apartmentanlage und den goldenen, feinsandigen Stränden bewegen, zurück an die Algarve. Vielleicht fahren sie aber im nächsten Jahr auch nach Spanien oder Italien, liegen dort ebenso in der Sonne und jetten nach ein oder zwei Wochen braun gebrannt zurück in ihre nördliche Heimat. Kein Vorwurf: Ein reiner Badeurlaub ist sicher nichts Verwerfliches, und doch ist gerade die Algarve eine Region, die so viel mehr zu bieten hat als »nur« gutes Wetter und klares Wasser.

Aber Vorsicht, Suchtgefahr: Wer etwa die Mandelblüte rund um Silves erlebt hat, wird mehr sehen wollen von Land und Leuten. Vielleicht einmal über die bunten »feiras«, die Zigeunermärkte, in Olhão oder Loulé schlendern? Oder bei einem Ausflug ins hügelige Hinterland, beispielsweise der Serra de Monchique, sich an den Farben der wilden Geranien berauschen oder im Duft der immergrünen Buschwälder aus Ginster, Rosmarin, Lavendel und Thymian schwelgen? Dann vollzieht der Urlauber so langsam die Metamorphose vom sonnenhungrigen Touristen hin zum Reisenden, der die freundliche Gelassenheit der Portugiesen zu schätzen weiß und sie sich spätestens am Abend zu Eigen gemacht hat, wenn er in einem kleinen Dorf wie Salema oder Carrapateira bei einem Gläschen des schweren Landweins sitzt, frisch gegrillte Sardinen angeboten bekommt und mit dem Wirt über Benfica Lissabon, Sporting, Weinbau, Europa und Gott und die Welt diskutiert. Und wenn dann noch aus einem geöffneten Fenster des Nachbarhauses eine Musik erklingt, die so schön, so traurig, so voller Sehnsucht, aber auch so voller Stolz ist wie der Fado von Amália Rodrigues, dann ist er angekommen, der Reisende. Und dann wird er bleiben wollen, an der Algarve. Oder zumindest ganz schnell wiederkommen. Sonst bleibt ihm nur die Sehnsucht. »*E das saudades o gosto/Que vou procurar esquecer numas ginjinhas/ Pois dar de beber à dor é o melhor*«, singt Amália. »*Und den Geschmack der Sehnsüchte/Werde ich versuchen zu vergessen mit einigen Kirschlikören./Denn dem Schmerz zu trinken zu geben ist das Beste.*«

Typisch Portugal, dieser Fado. Aber auch typisch für die Algarve? Eigentlich nicht, die Wurzeln des Fado liegen weiter im Norden im Landesinneren, in Lissabon und Coimbra. Die eigentliche Volksmusik im Süden ist rhythmischer, heiterer. Es wird getanzt und mitgesungen. Die Algarve ist eben nicht Portugal, und Portugal nicht die Algarve. Das hat historischen Hintergrund – und den spiegelt schon der Name wider: Algarve, das kommt von dem arabischen Begriff »al gharb«, was »der Westen« bedeutet und im Übrigen – wie gelegentlich zu lesen ist – mit der hier heimischen Pflanze »Agave« nicht das Geringste zu tun hat. Während der äußerste Südwesten Europas bis ins 15. Jahrhundert hinein für Europäer »das Ende der Welt« darstellte, sahen die arabischen Eroberer, die so genannten Mauren, in ihm einen Anfang: Al Gharb, die spätere portugiesische Algarve, war im 8. Jahrhundert n. Chr. ihr Sprungbrett in eine neue Welt, ihr Stützpunkt in Europa. Mehr als 500 Jahre währte die arabische Herrschaft in diesem 40 Kilometer breiten Landstrichen. Rund 100 Jahre länger als im übrigen Portugal. Dieser Besonderheit erwiesen auch die portugiesischen Könige ihren Respekt. Nach der Vertreibung der

Algarve ist nicht Portugal und Portugal ist nicht Algarve

Mauren führten die christlichen Herrscher nicht nur den Titel »König von Portugal«; sie nannten sich zusätzlich »König der Algarve«. Der maurische Einfluss ist im Süden auch heute noch spürbarer als in den nördlichen Regionen, beispielsweise in der Landwirtschaft. Die fortschrittlichen arabischen Bewässerungsmethoden ließen das Land erblühen. Oliven-, Feigen-, Johannisbrot- und Mandelbäume, die wir auch heute noch allerorten antreffen, wurden durch die Mauren in der Algarve kultiviert (→ MERIAN-Spezial, S. 52). Die Landwirtschaft führt allerdings zunehmend mehr ein Nischendasein. Der große Konkurrent Spanien kann auf wesentlich größeren Flächen günstiger produzieren und exportieren. Manch portugiesischer Bauer machte daher aus der Not eine Tugend: Alte, wenig ertragreiche Höfe wurden zu heimeligen Unterkünften für Urlauber umgebaut. Der »turismo rural«, der Urlaub auf dem Bauernhof, wird immer populärer.

Immer populärer: Urlaub auf dem Bauernhof

Geografisch unterteilt sich die Algarve grob in vier Regionen: Die Küste im Osten, von Vila Real de Santo António an der spanischen Grenze bis Faro, liegt im Windschatten und heißt deshalb **Sotavento**. Feine Sandstrände, lang gezogene Lagunen und vorgelagerte Sandbänke kennzeichnen diesen Küstenstrich. Besonders Familien mit Kindern schätzen die flachen Strände, die sanft ins hier eher ruhige Meer führen. Im Sotavento verbringen auch viele Portugiesen aus dem Norden ihren Urlaub. Tavira, die einstige Hauptstadt der Algarve, zehrte lange vom angestaubten Ruhm vergangener Tage, heute weht ein neuer Wind durch die alten Gassen: Die umgebaute Markthalle beherbergt Restaurants und Cafés, ein beliebter Treffpunkt bei Einheimischen und Touristen, Boutiquen sind bis in die Nacht geöffnet. Auch Faro, die Hauptstadt der Algarve, hat weitaus mehr zu bieten als nur den Flughafen, auf dem jedes Jahr rund fünf Millionen Urlauber landen. Die inei-

Frischer Wind in den Gassen

Den traditionellen Bewässerungsmethoden der Mauren ist es zu verdanken, dass heute an der Algarve neben Zitrusfrüchten auch Feigen- und Mandelbäume gedeihen.

Die Algarve stellt sich vor

Geselliges Treiben herrscht in den Straßencafés der malerischen Altstadt von Faro.

nander verschachtelten Altstadtviertel laden zum Schlendern und Verweilen ein, und in den Cafés und Clubs des Bairro Riberinho trifft sich die feierwütige junge Generation.

Westlich von Faro beginnt das **Barlavento**, hier wird die Küste steiler und felsiger. Rote Sandsteinklippen, mit vom Meer ausgewaschenen Grotten, sind charakteristisch für die Region. Die Strände sind wie im Sotavento feinsandig aber versteckter, hier befinden sich noch echte »Traumbuchten«. Bereits gegen Ende des 19. Jahrhunderts entdeckten Engländer diesen Abschnitt der Algarve für sich. Besonders Albufeira und Umgebung sind auch heute noch »fest in englischer Hand«. Allerdings: Kamen damals Künstler, Literaten, Exzentriker und Bohemiens, sind es heute neben einigen Individualreisenden hauptsächlich Pauschaltouristen, die Hotels und Strände bevölkern. Wem das zu viel Trubel ist, dem sei ein Ausflug ins Hinterland geraten. Vorbei an schnell wachsenden Eukalyptuswäldern und Korkeichen gelangt man in Dörfer, in denen die Zeit bezwungen scheint. Schwarz gekleidete Frauen bleichen am gemeinsamen Waschplatz blendend weiße Laken und halten dabei einen Schwatz. In kleinen »tascas« wird deftiges Essen serviert, das zumeist wesentlich günstiger ist als in den Küstenorten. Wer im Frühling reist, darf sich an kilometerweit blühenden Feldern erfreuen. Zweirädrige Eselskarren holpern über Schotterwege, schwarzgraue Schweine laufen quiekend über Marktplätze, braune Schafe und gefleckte Ziegen werden von Schäfern betulich auf die Wiesen geführt. Die Menschen haben eine angenehm freundlich-distanzierte Art, und es kann durchaus vorkommen, dass man von den alten Männern, die auf den schattigen Bänken festgenagelt scheinen, zu einem »medronho«, einem Baumerdbeerschnaps, eingeladen wird. Im Hinterland trifft man auch wieder verstärkt auf portugiesische Urlauber oder – an Sonn- und Feiertagen – Einheimische, die dem hiesigen Nationalhobby nachgehen. Und das heißt **Picknicken**. Kein Wald kann zu groß, kein Park zu klein sein, als dass er nicht der ideale Platz wäre für das portugiesische Großfamilien-Picknick. Angereist wird in mit Großmutter, Tanten, Cousinen

Nationalhobby: Picknicken mit der Großfamilie

und Kleinkindern vollgestopften Autos (Autofahren ist nach Picknicken die zweite Leidenschaft der Portugiesen), in denen wundersamerweise auch noch die Tagesproduktion eines großstädtischen Fleischgroßmarkts Platz gefunden hat. Wer es den Portugiesen gleichtun will, möge beachten, dass Feuer machen aufgrund der Waldbrandgefahr streng verboten ist.

Zurück an die Küste, die westlich von Lagos immer einsamer, wilder und unberührter wird. Hier beginnt auch bald die **Costa Vicentina**, der wohl ursprünglichste Küstenabschnitt in ganz Portugal. Zwischen hier und Amerika liegt kein Land; die Wellen, die sich ungestört im offenen Atlantik aufbauen können, schlagen mit Urgewalt ans Gestade. Surfer lieben den »Wilden Westen« der Algarve, Badeurlauber sollten dem Meer mit Vorsicht und Respekt begegnen. Dass an der Westküste noch keine Touristenmassen zu finden sind, hat neben der

Heinrich der Seefahrer

rauen Landschaft auch mit der fehlenden Infrastruktur zu tun: So endet die Algarve-Autobahn im Westen bei Lagos, der Ausbau nach Aljezur ist geplant, aber umstritten.

Das geografische Ende Portugals war hingegen immer mehr ein Anfang als ein Abschluss. Am Cabo de São Vicente bei Sagres ist Europa so abrupt zu Ende, dass es einen schaudert, wenn man die 60 Meter tiefe Steilküste hinunterblickt. Hier in der Nähe hat Heinrich der Seefahrer seine berühmte Navigatorenschule gegründet, das »Cape Canaveral« des 15. Jahrhunderts, an der die besten Mathematiker, Astronomen und Kapitäne der damaligen Zeit lehrten und lernten. Heinrich war der Spiritus rector, kein Seefahrer, der die unbekannten Meere befuhr, aber ein Seefahrer und Entdecker des Geistes. »Plus ultra – Europa über Europa hinaus« war das mutige Motto. Von hier aus sind Heinrichs Korvettenkapitäne ins Nichts gestartet. Gil Eanes, der 1434 als Erster das berühmt-berüchtigte Kap Bojador an der westafrikanischen Küste umsegelte, ist gleich um die Ecke bei Lagos geboren. Oder Bartolomeu Dias, der 1488 das Kap der Guten Hoffnung erreichte. Und natürlich Vasco da Gama, der 1498 nach Indien auf dem Seeweg gelangte. Entdeckungen, Eroberungen, durch die das kleine Portugal zur Weltmacht wurde. Wer an der Steilküste bei Sagres steht, bekommt eine Ahnung vom Mut der Alten. Wenn der Ozean die Sonne verschluckt, das dunkle Meer gegen die Felsen schlägt und uns die Nacht umfängt, fühlt sich mancher klein und allein.

Allein – im Portugiesischen heißt das »só«, aber die Portugiesen gewinnen selbst dem Gefühl des Alleinseins etwas Schönes ab: »sozinho« sagen sie in der Alltagssprache. Und der Diminutiv ist mehr eine Verfeinerung als eine Verniedlichung. Wahrscheinlich konnte nur ein Volk, das dem Schmerz des Alleinseins auch etwas Süßes abgewinnt, den Mut haben, neue Welten zu erobern. Algarve-Urlauber sollten den Mut haben, unbekannte Wege einzuschlagen – mit etwas Glück werden sie Portugals Seele entdecken.

Bevorzugtes Ziel von Surfern und Wellenreitern: die wilde, ungebändigte Costa Vicentina.

Gewusst wo ...

Einst der portugiesische Ausgangshafen für große Entdeckungsreisen: Von Lagos aus schickte Heinrich der Seefahrer seine Karavellen auf große Fahrt in unbekannte Gewässer. Heute ist die pittoreske Hafenstadt ein beliebter Anziehungspunkt für Urlauber aus aller Welt.

Die Algarve, ein 200 Kilometer langer Küstenstreifen, wie er abwechslungsreicher nicht sein könnte: einsames Bergland, goldene Strände und quirlige Altstädte.

Übernachten

Schwelgen im Luxushotel oder dezenter Komfort in einer »pousada« – die Algarve hat viele Facetten.

Ein Traum wie aus 1001 Nacht: Das einstige Mühlenanwesen Moinho do Pedro auf dem Hügel von Algóz wurde von den Inhabern liebevoll restauriert und mit orientalischem Interieur ausgestattet.

Übernachten

Portugal bittet zu Bett. Unterkünfte gibt es in allen Komfort- und Preisklassen. »Pousadas« sind staatlich geleitete Hotels, die entweder in historischem Gemäuer oder an besonders hübschen Aussichtspunkten liegen. Diese Hotels verstehen sich als Visitenkarte des Landes und sind durchweg von herausragendem Standard. In den angeschlossenen Restaurants bringt man die typischen Speisen der Region auf den Tisch. Um der großen Nachfrage gerecht zu werden, können in einer »pousada« maximal fünf Tage am Stück gebucht werden. An der Algarve gibt es zwei »pousadas«: Das charmante Haus in São Brás de Alportel bietet einen atemberaubenden Ausblick auf die Umgebung und liegt unweit der Küste von Faro. Der Fokus der Pousada Infante hingegen liegt mehr auf der überwältigenden Natur: Das Haus thront direkt auf der südwestlichsten Steilküste Europas bei Sagres. Eine weitere Herberge dieser Art gibt es im Grenzgebiet zum Alentejo: Die Santa Clara Pousada ist sehr schön am gleichnamigen Stausee gelegen. Ausführliche Informationen unter www.pousadas.pt.

Eine »casa nobre« bzw. »estalagem« ist eine Art kleine »pousada« in Privatbesitz, meistens persönlicher geführt als ein Hotel. Dort kann man sich für den gesamten Urlaub einmieten. »Albergarias« sind ordentliche Herbergen, oft ohne Restaurant. Einer Pension vergleichbar sind »residenciais«, einfach und gleichfalls zumeist ohne Gastronomie.

Apartments und **Ferienhäuser** auf verschiedenen Preisniveaus sind an der Küste weit verbreitet. **Privatzimmer** werden von den örtlichen Tourismusbüros vermittelt, oder man fragt direkt in den Häusern, an denen als Erkennungssymbol ein weißes Dreieck im Fenster klebt.

Portugals **Campingplätze** bieten mitteleuropäische Standards. Achten Sie darauf, dass genug Schatten vorhanden ist. **Jugendherbergen** sind modern und oft mit Tennisplatz oder Pool ausgestattet.

Seit einigen Jahren sind zwei Urlaubsvarianten in Mode gekommen, und das Angebot ist entsprechend gewachsen: »turismo rural« – Urlaub auf dem Bauernhof – und

Ferien auf dem Landsitz

»turismo de habitação«, Ferien auf einem Landsitz, einer »quinta«. Beide Möglichkeiten finden Sie häufiger im Hinterland. Es gibt Höfe, auf denen man mitarbeiten kann, andere, die längst keine Landwirtschaft mehr betreiben. Beide haben oft Pferde oder Esel, Tennisplatz und Pool. In einigen kann man auch essen oder mit dem Gutsherrn ein Glas Portwein schlürfen.

Empfehlenswerte Hotels und andere Unterkünfte finden Sie jeweils bei den Orten im Kapitel »Unterwegs an der Algarve«.

MERIAN-Tipp

1 Moinho do Pedro

Mit aller Liebe und viel orientalischem Interieur hat das kreative Gastgeberpaar Michaela und Emanuel dos Santos ihr Mühlenanwesen auf dem Hügel von Algóz hergerichtet. Fernblick aufs Meer, Ruhe, warmer Wind, der Duft des Südens. Die Ausbauten umfassen acht Suiten. Abends sitzt man, vom Pool erfrischt, bei einem Glas Wein in der Lounge unterm Sternenhimmel, in den Bäumen hängen Kerzen. Ein Traum aus 1001 Nacht, die gut halbstündige Anreise vom Flughafen wird reich belohnt. Hitverdächtig: die Bibliothek im Mühlturm. Idealer Ort auch für Seminare.

Sítio dos Moinhos, Algóz;
Tel. 2 82/57 54 69;
www.algarve-live.de/moinhodopedro
●● ⬚ ⟶ S. 118, B 7

Essen und Trinken

Die Regionalküche ist einfach und deftig – beim gastfreundlichen Portugiesen hungert niemand.

Benannt nach dem Spezialkessel, in dem sie zubereitet und auch aufgetischt wird: die »cataplana«, ein deftiges Eintopfgericht mit Gemüse, Fisch und Meeresfrüchten.

Essen und Trinken   15

Die Küche der Algarve ist bodenständig, die Portionen reichlich. Durch den wachsenden Tourismus ist die Vielfalt aber etwas verloren gegangen, und in den Ferienzentren geht die Küchenkunst oft nicht über das Grillen hinaus.

Fisch spielt an der Küste naturgemäß eine Hauptrolle. Er wird gekocht oder gegrillt serviert und einfach mit Meersalz bestreut, dazu wird frisches Brot und Salat gereicht. Es lohnt sich, auf Fisch-Entdeckungsreise zu gehen, die Vielfalt ist enorm. Von einfachen Sardinen über leckere Gambas bis hin zu feinem Schwertfisch (»espardarte«) oder den eher teuren Langusten kommt alles täglich frisch auf den Tisch. »Bacalhão«, Stockfisch, ist der Lieblingsfisch aller Portugiesen – angeblich gibt es 365 Rezepte.

Frischer Fisch und deftige Spezialitäten

Bei Fisch wird in den Restaurants häufig der Kilopreis angegeben. Fragen Sie daher beim Bestellen, wie teuer das Gericht wird – so vermeiden Sie Überraschungen. Muscheln werden oft in Weinsud gedünstet oder mit Tomatensoße serviert. Man kann sie problemlos auch im Sommer bestellen, denn sie kommen direkt aus Zuchtstationen der Algarve.

Eine Spezialität der Algarve ist die »cataplana«, ein Eintopfgericht mit Gemüse und Fisch, wahlweise auch Schinken oder Fleisch. Sie ist benannt nach dem **Spezialkessel**, in dem sie zubereitet und serviert wird – unbedingt probieren! Testen sollten Sie auch das »frango piri-piri«, bei dem die Hähnchenteile flachgeklopft und mit einer Ölmischung aus Knoblauch und »piri-piri« (rote scharfe Pfefferschoten) eingepinselt werden. Besonders gut wird das Gericht in Guia (→ MERIAN-TopTen, S. 62) zubereitet.

Fleisch ist in einfachen Restaurants nicht unbedingt zu empfehlen, da oft zäh. Ausnahme sind die Schweinefleischgerichte. Die hiesigen schwarzen Schweine (»porco preto«), sind weniger fett und kräftig im Geschmack. Wenn angeboten, probieren Sie auch mal »carne alentejana«, sozusagen ein Gulasch aus mariniertem Schweinefleisch und Venusmuscheln – eine Spezialität aus der Provinz Alentejo.

Oft steht **Olivenöl** auf dem Tisch, das man sich über Fisch, Gemüse und Kartoffeln träufelt. Es wird viel mit **Knoblauch** (»alho«) gekocht. Durch die Frische der Knollen und die jodhaltige Luft riecht das gesunde Beiwerk allerdings kaum.

Das **Dessert** ist in Portugal traditioneller Bestandteil einer Mahlzeit. Manches Rezept ist noch aus der Zeit der maurischen Herrschaft überliefert, süß wie der Orient, vieles auch reich an Sahne. Häufig wird ein »pudim flan« angeboten. Wenn »caseiro«, also »hausgemacht«, dabeisteht, sollten Sie zugreifen, er wird weniger

---

MERIAN-Tipp
★2 Colina Verde

2001 verschlug es Fiete Döring, einen erfolgreichen Sylter Gastronom, samt Familie an die Algarve. Schnell fand sich ein Platz für seine Bewirtungskünste: Colina Verde in Algóz – das Vorhaben ist gelungen. Es gibt Schampus vorweg, die »Königin der Nacht« im Terrassengarten duftet mit dem kredenzten Menü um die Wette. Brasil-Rind kommt auf heißem Stein, dazu fantasievoller Salat – eine seltene Vielfalt an der Algarve. Spezialitäten in vollendet gemütlicher Atmosphäre. Stammgäste kommen sogar aus Lissabon – für einen famosen, erstaunlich erschwinglichen Abend.

Algóz/Albufeira; Tel. 2 82/57 47 76; tgl. ab 19 Uhr, außer So ●● CREDIT

⤑ S. 118, B 7

Essen und Trinken

süß sein. Wer statt Zuckrigem lieber Käse als Essensabschluss wählt, kann den »queijo de serra« probieren, ein ausgezeichneter Schafs- oder Ziegenkäse aus dem Hinterland – butterweich und zart schmelzend.

Die Preise für ein **Menü** nehmen mit der Entfernung zur Küste ab. Grundsätzlich gilt in einfachen und normalen Restaurants, dass man für den kleinen Magen auch »meia dose«, eine halbe Portion, bestellen kann. In besseren Restaurants wird neben der Regionalküche internationales Essen angeboten. **Trinkgeld** ist nicht in der Rechnung enthalten, passend sind zehn Prozent.

Eine neue Generation von Winzern ist angetreten, den Ruf der **Weine** aus dem Süden Portugals zu verbessern – und das mit großem Erfolg. Das Alentejo war lange Zeit für einfache, kräftige Landweine bekannt. Gute Weine, die sich auch lagern lassen, kamen aus dem Norden, vom Dão und Douro oder dem Bairrada. Das hat sich gründlich geändert. Im Alentejo werden jetzt individuelle, charaktervolle Tropfen produziert, die zum Teil ziemlich alkoholreich sind. Die gestiegene Qualität hat allerdings auch ihren Preis. Nun zieht auch die Algarve nach: Rote-Lippen-Sänger Sir Cliff Richard, der die Algarve schon seit vier Jahrzehnten zu seiner zwei-

Neu: Edle Tropfen aus der Region

ten Heimat gemacht hat, ist – preisgekrönt – unter die Winzer gegangen (→ MERIAN-Tipp, S. 60), und im Städtchen Torre bei Portimão wird der bei Kennern beliebte »morgado da torre« gekeltert.

Das portugiesische **Bier** steht ebenfalls in einem guten Ruf und ist nicht teuer, weil die Brauereien verstaatlicht und subventioniert sind. Die Polizei führt regelmäßig Alkoholkontrollen durch, daher wird besonders beim Mittagessen alkoholfreies Bier getrunken. Portugal hat reichlich Mineralwasserquellen, gutes **Wasser** kommt aus Monchique oder den Bergen des regenreichen Nordens. Sie können es sprudelnd oder still bestellen (»agua com« oder »sem gas«).

Ein Milchkaffee (»galão«) kommt im Glas, und zur »bica«, dem kleinen schwarzen **Kaffee**, trinken viele Portugiesen **Schnaps**. Das kann ein »Aguardente de figo«, aus Feigen, ein »Bagaço«, Trester aus Trauben, oder ein (ziemlich hochprozentiger) »Medronho« aus Baumerdbeeren sein. Portugiesinnen ziehen milderen Anisoder Mandellikör vor. **Portweine** werden trocken als Aperitif und süß als Digestif gereicht. Ein »antiquar«, das ist guter, alter Brandy, passt gut nach reichhaltigem Essen. Sehr beliebt unter standesbewussten Portugiesen ist auch ein guter **Whisky**.

Empfehlenswerte Restaurants und andere Lokale finden Sie bei den einzelnen Orten im Kapitel »Unterwegs an der Algarve«.

Unwiderstehlich gut schmecken die in Schmalz gebackenen Krapfen, die portugiesische Frauen vor allem an Fest- und Markttagen zubereiten.

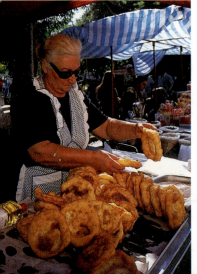

Einkaufen

Altstadtläden, Shoppingcenter und bunte Märkte bieten alles, was Portugalfreunde schätzen.

Flechtarbeiten aus Stroh, Sisal oder Weide haben an der Algarve eine lange Tradition. Bestimmt findet sich im reichhaltigen Angebot ein hübsches Mitbringsel für zu Hause.

Einkaufen

Selbstverständlich ist auch die Ferienregion Algarve nicht vom Globalisierungsprozess verschont geblieben – Ladenketten, die Sie aus Ihrer Heimat kennen, sind ebenso in den größeren Orten der Algarve anzutreffen. Sollte also ein Stück Garderobe fehlen, kein Problem. Dem Fortschritt zum Trotz ist der Charme der portugiesischen Handwerkskunst weiterhin an jeder Ecke anzutreffen. Nehmen Sie sich doch als Erinnerung einen der schönen handbemalten Teller mit – auch ein Wandbild in Kachelform lässt sich gut in die Heimat transportieren.

Artesanto
Entlang der alten Nationalstraße N 125 erschließt sich eine wahre Hochburg des Kunsthandwerks der Algarve. Ein Stopp lohnt sich. Allerlei bunte Keramik, »azulejos« zum Dekorieren der heimischen Hausfassade, Olivenschälchen und Tonkrüge aller Art sind im Angebot. Auch hübsch geformte »chaminés«, die typischen Schornsteine der Algarve, gibt's im Kleinformat für das Wohnzimmer daheim.

Einkaufszentren
Zwischen Faro und Albufeira haben in den letzten Jahren einige Shoppingcenter eröffnet, die den internationalen Vergleich nicht scheuen müssen. Das »Algarve Shopping« in Guia/Albufeira beherbergt an die 100 Geschäfte und Restaurants und hat bis Mitternacht geöffnet. Auch Faro bietet mit dem Forum Algarve europäische Superlative: über hundert Läden, Fressmeilen und Kinos unter einem Dach. Weitere Einkaufszentren und bekannte Markenboutiquen gibt es in Loulé, Portimão und Silves. Öffnungszeiten: vormittags zwischen 9 und 10 bis 24 Uhr.

Ess- und Trinkbares
Die Leckereien der Algarve: Früchte aus Marzipan, Tiere aus Feigen und Mandeln sind wohlschmeckend und originell. Verwöhnen Sie Ihren Gaumen doch mal mit »beijinhos«, »morgados« oder »Nonnenbäuchlein«, jahrhundertelang nur in Klöstern hergestelltes schneeweißes Mandelgebäck.

Charmante Handwerkskunst

Außerdem gibt's duftenden, reinen Honig zu kaufen. Entweder pur oder als »Brandy mel«, einem süßen Aperitif, der an der Algarve hergestellt wird. Für stabile Mägen ist »Medronho« ein originelles Mitbringsel, ein klarer Schnaps aus Baumerdbeeren.

Feiras
Die so genannten »Zigeunermärkte« – die Händler sind vorwiegend Sinti und Roma – finden in vielen Orten, darunter in **Salir**, statt. Hier kann man durchaus Schnäppchen machen, und Handeln gehört

MERIAN-Tipp

Azulejos

In ganz Portugal sind die wunderschönen, zum Teil sehr alten Fliesen anzutreffen. Sie machen einfache Häuschen zu Schmuckstücken, Kapellen und Kirchenaltäre zu wahren Prachtstätten, öffentliche Gebäude zu Sehenswürdigkeiten. »Azul« meint keineswegs die Farbe Blau, denn der Begriff kommt vom arabischen »al-zulayi« (auch »al-zulaycha«) und bedeutet »kleiner, bemalter, polierter Stein«. Tatsächlich sind »azulejos« oft in Blautönen bemalt. Die schönsten und ältesten Kunstwerke können an folgenden Orten bewundert werden: Almancil: Igreja de São Lourenço dos Matos; Alte: Igreja Matriz de Santa María da Assunção; Estói: Palácio de Estói; Faro: Sé Cathedral; Loulé: Capela da Nossa Sra. da Conceição; Portimão: Largo 1° do Decembro; Tavira: Igreja da Misericórdia.

Einkaufen

zum Einkaufen dazu. Vieles ist zweite Wahl, aber der Fehler oft nicht wahrzunehmen. Vom Schnürsenkel bis zum goldenen Ohrring wird alles angeboten. Eine »feira« ist immer auch Spaß. Man trifft sich, hält ein Schwätzchen, isst dabei Schmalzgebäck oder trinkt im Café nebenan eine »bica«, einen kleinen, schwarzen Kaffee.

Flechtarbeiten

Überall an der Algarve werden Hüte, Taschen, Stühle und Krimskrams aus Stroh, Sisal und Weide angeboten. Ordentliche Handwerksarbeit.

Geschäftszeiten

Normale Geschäftszeit ist von 9–19 Uhr, kleine Geschäfte pflegen ihre Mittagspause zwischen 13–15 Uhr einzuhalten. Größere »supermercados« sind jeden Tag ohne Pause geöffnet und schließen zwischen 21 und 24 Uhr. Die meist außerhalb liegenden Shoppingcenter haben von vormittags bis Mitternacht offene Türen.

Holzstühle aus Monchique

Einen sehr pfiffigen Klappstuhl aus dem selten gewordenen Erlenholz können Sie in Monchique erwerben. Das Prinzip sollen sich die römischen Kolonialherren vor rund 1500 Jahren ausgedacht haben. Diese dekorativen Sitzmöbel bestehen aus in sich verzahnten Bugholzleisten, zumeist ohne Rückenlehne. Den sehr bequemen Monchique-Schemel gibt es auch für Kinder, man kann sogar bei der Fabrikation zuschauen: Casa dos Arcos, 8550 Monchique.

Keramik

Bemalte Töpferarbeiten haben in Portugal eine lange Tradition, einige Werkstätten arbeiten noch heute nach Vorlagen aus dem 17. und 18. Jh. Keramik aus Coimbra ist besonders hübsch, aber leider auch seltener zu bekommen. Daneben stehen einfache Gebrauchskunst, naiv bemalte Tonscherben, Geschirr mit kleiner Musterkante und – ohne Bemalung – wohlgeformte Krüge und Blumentöpfe. Speziell aus Barcelos im Norden Portugals kommen dickbäuchige glasierte Schalen, die mit gelbem Punktmuster verziert sind. Hundertschaften von »galos«, den portugiesischen Glückshähnen, und tönerne Flöten oder Vogeltrillerpfeifen sind überall erhältlich. Mit etwas Glück entdeckt man auch Weihnachtskrippen aus bemaltem Ton, naiv und märchenhaft zugleich. Sie kommen aus der Stadt Estremoz.

Kork

Aus Naturkork, der Rinde der Korkeiche, werden fein geschnitzte Kästchen angeboten. Auf den Märkten gibt es einfache Schöpfkellen ohne Griff. Aus ihnen trinkt man Wasser, oder man schöpft mit ihnen Oliven aus dem Vorratstopf. Weitere Kunstwerke aus Kork: landestypische Windmühlen, Tischsets, Untersetzer, Bilderrahmen und Bucheinbände.

Kunsthandwerk

Viermal im Jahr findet in verschiedenen Orten eine »feira de serra« statt, eine Messe, auf der Handwerker ihre kreativen Arbeiten zeigen. Dies ist eine gute Gelegenheit, Volkskunst günstig zu kaufen. Im August findet in Lagoa die FATACIL statt, eine große Messe, wo sich die Kunsthandwerker des Landes treffen, arbeiten und natürlich auch ihre Ware verkaufen. Infos über Aushänge!

Kupfer und Messing

Kupferschmiede haben einen besonders guten Ruf im Kreisstädtchen Loulé. Außer soliden Bratpfannen und Tabletts findet man dort eine große Auswahl an »cataplanas«, den kupfernen Schmortöpfen, die dem Fischeintopf seinen Namen gaben. Sie sind eine rein algarvische Spezialität, die Form erinnert ein wenig an einen asiatischen Wok.

Schmuck

Typisch ist versilberter oder vergoldeter Schmuck in Motiven aus dem 17. und 18. Jh. Attraktiv sind die schönen großen Zigeunerohrringe (als Clips oder Stecker).

Schuhe und Lederwaren

In den Schaufenstern der Schuhgeschäfte entdeckt man viele gut gearbeitete Lederschuhe, auch international renommierte Ware, die hier hergestellt wird. Inzwischen produziert man auch für große Füße. Lederwaren sind meistens billiger als in Deutschland!

Spielzeug

Ein Mann, der auf dem Einrad fährt, pickende Hühner oder ein Ochsenwagen – alles ganz einfache, aber bewegliche Arbeiten aus Holz, die Erwachsene oft noch mehr erfreuen als Kinder. Solides Kinderspielzeug stellen sechs Frauen aus der Nähe des Städtchens Alte in hervorragender Qualität her: »brinquedos de Madeira«. Dieses Spielzeug wird zum Beispiel in der Casa de Serra im kleinen Einkaufscenter gegenüber der Markthalle verkauft.

Preiswerte Waren

gibt es auf Zigeunermärkten, dort ist auch Handeln möglich – in Läden ist Feilschen unüblich. Mittlerweile gibt es Filialen der uns geläufigen Discounterketten in jedem größeren Ort. Tipp: dort günstiger regionale Weine einkaufen. Die Mehrwertsteuer ist überall im Preis enthalten.

Textilien

Einfarbige oder kunterbunte Baumwollteppiche (Flickenteppiche) in verschiedenen Formaten kosten wenig und überstehen die Wäsche in der Maschine. Auf Märkten oder in Souvenirläden ist das Angebot groß. Hauchzarte Madeirasets, Tischdecken und auch Taschentücher sind teurer, aber sehr schön. Daneben gibt es handgewebte Tischläufer, Kissenbezüge, bestickte Kinderkleidchen oder – wenn man Glück hat – ein »Liebespfand-Taschentuch« aus dem Minho. In Viana do Castelo lassen vor allem junge Mädchen die Nadel mit feinem, rotem Kreuzstich durch die Leinentücher fliegen, mit Mustern, Initialen und natürlich auch mit dem innigen »amo-te«, ich liebe dich.

Wolle und Wirkwaren

»Arraiolos«, die kunstvoll bestickten Wollteppiche, haben eine jahrhundertelange Tradition. Sehr wärmend sind die schweren, wollenen Plaids aus dem Alentejo, die man in guten Teppichgeschäften, manchmal aber auch auf Märkten findet. Etwas leichter sind da schon baumwollene Bettdecken, die man auch als Tischdecken benutzen kann. Besonders reich verzierte Exemplare mit pastellfarbenen Seidenblumen werden in Castelo Branco hergestellt. Ebenfalls meist aus dem Alentejo stammen die aus Schafschurwolle hergestellten Hauspantoffeln.

Bunt bemalte Töpferarbeiten haben in Portugal eine lange Tradition. Viele Werkstätten – wie dieser kleine Laden in Tavira – fertigen Teller und Schüsseln noch nach alten Vorlagen.

Feste und Events

An der Algarve gibt es zu allen Jahreszeiten viele kulturelle und traditionelle Höhepunkte.

Fast ein wenig wie der berühmte »Carnaval do Rio«: Prächtige Kostüme, festliche Umzüge und heiße Sambarhythmen zeichnen auch die Karnevalszeit in Loulé aus.

Feste und Events

Laute Böllerschüsse sollten im friedlichen Portugal niemanden verschrecken – der Kracher am Morgen läutet regelmäßig einen Feiertag ein. Jedes Dorf hat seine »festa«, die dann mit reichlich Glitter und viel Freude begangen wird. Auch »feiras« (Jahrmärkte) und »romarías«, (Prozessionen) werden ausgiebig zelebriert. Welche Festivität auch immer, ein prächtiges Feuerwerk wird gegen Mitternacht so manches Funkeln in den Augen auslösen – bis zum finalen Knaller.

Vielleicht zeigt sich das alte Sprichwort »Die Algarve ist nicht Portugal« am besten in der Feierlaune. Hier tanzt und singt man ausgelassener als im Norden, und die Musik ist sehr fröhlich. Häufig spielt jemand mit dem Akkordeon auf, im Takt dazu wehen und drehen sich die bunten Trachtenröcke der Tänzerinnen.

Februar
Karneval und Mandelblütenfest
Inmitten der Mandelblütezeit wird in Loulé auch auch kräftig Fasching gefeiert. Das Event ist mit festlichen Umzügen, prächtigen Kostümen und Sambarhythmen eine kleine Ausgabe des »Carnaval do Rio«. Kleiden Sie sich nicht zu vornehm, auch hier pflegt man mit »Kamelle« zu werfen.
Loulé; Karnevalszeit im Frühjahr

April
Dia da Liberdade
Am »Tag der Nelkenrevolution« wird im ganzen Land die Befreiung von der Diktatur anno 1974 gefeiert.
25. April

Mãe Soberana
Das allerwichtigste Kirchenfest des Jahres ist die Mãe Soberana in Loulé. Zwei Wochen lang, ab Ostern, wird unter Teilnahme tausender Menschen in mehreren Prozessionen der Mutter Gottes gehuldigt.
Zwei Wochen ab Ostern, Frühjahr

Mai
Festa da Fonte Grande
Ein wahres Blütenmeer ist dieser Feiertag im malerischen Bergdorf Alte. Der festliche Umzug beginnt am Nachmittag.
1. Mai

Festa da Pinha
In Estói erinnert ein prächtiger Reiterkorso an beschwerliche Reisezeiten auf den alten Handelswegen. Seit jeher feierte man hier dankbar die unversehrte Ankunft im Süden, statt Räuberbanden in die Hände gefallen zu sein.
1. Mai

Fest der Puppen
In Quelfes, Fuseta, Marim (Olhão) stellt man am 1. Mai selbst gemachte »maios« an den Straßenrand. Anschließend werden die lebensgroßen, in Lumpen gekleideten Puppen auf dem Scheiterhaufen verbrannt, um den Winter zu vertreiben.
1. Mai

Wahrung alter Traditionen

Festa da Espiga
Am Morgen wandert man gemeinsam, um eine Ähre (»espiga«), einen Olivenzweig und eine rote Mohnblume zu sammeln und zu einem hübschen Glücksbringer-Sträußchen zu binden. Anschließend wird ausgiebig gefeiert. Diesem hübschen Brauch folgt man im gesamten Barrocal seit 1968. Das Städtchen Salir macht ein wunderschönes Fest daraus (→ Feiras, S. 19).
40 Tage nach Ostern; etwa Mitte Mai

Internationales Musikfestival
Auch Musikliebhaber kommen in Portugals Süden auf ihre Kosten. Alljährlich findet zwischen Mai und Juli das **Festival Internacional de Música do Algarve** statt. Konzerte, die meistens nicht vor 21 Uhr beginnen, zeigen mehr oder minder berühmte Or-

chester, Solisten, Chöre und Ballette. Meistens sind in den größeren Algarvestädten wie Faro und Lagos auch Open-Air-Bühnen aufgebaut, von denen die Klänge der Musik durch die lauwarme Nacht in die Fußgängerzonen herüber wehen. Veranstaltungen werden über Plakate angekündigt.
Mai bis Juli

Sandskulpturen-Festival FIESA
Hier ist alles aus Sand gebaut. Monatelang wird an den Kunstwerken hin und her präpariert. Das Ergebnis ist das größte Sandskulpturenfestival weltweit. Ab Ende Mai bis Ende September kann man staunen kommen. Geöffnet bis Mitternacht; abends mit Beleuchtung.
Areia bei Pêra; Tel. 2 82/32 22 89;
www.fiesa2005.com;
Eintritt Erw. 7 €, Kinder 4 €

JUNI
Heiligenfeste
Im Juni ehrt man in Portugal vier Heilige: darunter am 3. Juni **São Gonçalo** und am 13. **Santo António**. In Faro feiern vor allem heiratswillige Mädchen ihren António. Bevor sich der Schutzpatron nach der Prozession wieder auf seinen Kirchensockel zurückzieht, bombardieren ihn die Mädchen mit Kieselsteinen und Blumen, damit er ihnen zu einem Ehemann verhelfe. Am 24. Juni ist **São João** und am 29. **São Pedro** an der Reihe. Er ist nicht nur der Schutzheilige der Fischer, sondern verwahrt angeblich auch die Schlüssel für die Himmelspforte.
3., 13., 24. und 29. Juni

Stadtfest von Castro Marim
Mittelalterlicher Handwerksmarkt mit Musik und Tanz auf dem Burggelände in Castro Marim. Gute Einkaufsmöglichkeit.
23. und 24. Juni

JULI
Feira da Serra, São Bras de Alportel
Das Fest der Berge wird ausgiebig mit regionalen Leckereien, Kunsthandwerk und Musik begangen.
Letztes Juli-Wochenende

AUGUST
Festa do Emigrante
In vielen Dörfern verwandeln sich Wiesen in Tanzflächen, wenn Gastarbeiter aus anderen Ländern zu Besuch kommen. Zu erkennen an den mit bunten Fähnchen geschmückten Plätzen. Gäste sind willkommen.

SEPTEMBER
FETAAL Traditionsfest
Die Feira de Tradições e Artes do Algarve findet jährlich im historischen Ortskern des Städtchens Bensafrim

Vergängliche Kunstwerke: Beim Sandskulpturenfestival FIESA bei Pêra lassen sich die Künstler alle Jahre wieder neue fantasievolle Kreationen einfallen.

bei Lagos statt. Neben Kunsthandwerksausstellungen werden Pferde- und Hundeschauen veranstaltet.
Anfang September

Volkstanzwettbewerb
Volkstanzgruppen aus Portugal und Madeira treten zum Wetttanzen an. Die Sieger präsentieren sich jeweils an einem Sonntag in **Praia da Rocha**.

Oktober
Feinschmeckerfestival
Dass **Almancil** ein Mekka der Feinschmecker ist, wird jährlich in den ersten zwei Oktoberwochen bewiesen.
Anfang Oktober

Festival da Batata doce e dos Percebes, Aljezur
Dieses den »Entenmuscheln« und Süßkartoffeln gewidmete Gourmetfestival lockt jährlich unzählige Besucher an (→ MERIAN-Tipp, S. 79).
Wechselnde Termine im Oktober oder November

November
Martinsfest
Am 11. des Monats isst man geröstete Kastanien und wäscht seine Füße an einer Quelle zum »Weintreten«.
11. November

Mês des Mortes
Der Monat November ist den Toten gewidmet. Auf den Gräbern, deren marmorne Grabplatten geputzt werden, brennen Ewige Lämpchen.
November

Wochenmärkte/Flohmärkte
Täglich
Loulé: 8–13 Uhr, Markthalle
Olhao; zusätzlich Fischmarkt: 8–13 Uhr
São Bras de Alportel: 8–13 Uhr

Samstags
Lagos: jeden 1. Samstag/Monat
Olhao; zusätzlich Bauernmarkt: 8–13 Uhr
São Bras de Alportel: 8–13 Uhr
Tavira: jeden 3. Samstag/Monat

Am Ende eines heißen Urlaubstags bieten zahllose Märkte vielfältige Abwechslung.

Sonntags
Almancil: jeden 1. und 3. Sonntag/Monat
Estói: jeden 2. Sonntag/Monat
Lagoa: jeden 2. Sonntag/Monat
Loulé: 8–13 Uhr; gesamtes Zentrum

Montags
Aljezur: jeden 3. Montag/Monat
Portimão: jeden 1. Montag/Monat
Silves: jeden 3. Montag/Monat

Dienstags
Albufeira: jeden 1. und 3. Dienstag/Monat
Alvor: jeden 2. Dienstag/Monat

Mittwochs
Moncarapacho: jeden 1. Mittwoch/Monat
Quarteira: jeden Mittwoch

Donnerstags
Fuseta: jeden 1. Donnerstag/Monat
Vila do Bispo: jeden 2. Donnerstag

Freitags
Castro Marim: jeden 2. Freitag

Sport und Strände

Wer Urlaub an der Algarve macht, befindet sich auf der Sonnenseite des Lebens.

Die Costa Vicentina mit ihren weitläufigen Stränden (hier an der Praia da Bordeira bei Carrapateira) ist ein beliebtes Revier für Wellenreiter.

Sport und Strände

Wer A wie Algarve sagt, der muss auch B wie Baden sagen. Zumindest wenn man auf Urlaub an die portugiesische Südküste kommt. Für Einheimische ist das Angeln Freizeitgestaltung Nr. 1, es folgen die Begeisterung für Fußball oder Auto- und Radrennen. Auch Pferdedressur nimmt einen vorderen Platz ein.

Nobelsportarten wie Golf oder Tennis werden meist von sportlichen Urlaubern ausgeübt, es gibt viele Luxushotels mit Kombiangebot. An der sonnenreichen Algarveküste wurden viele Sportangebote speziell für Touristen eingerichtet. Wer reiten mag, findet überall Reitschulen und -ställe, man kann aber auch Ausritte am Meer buchen. Für Golfer ist die Algarve ein Paradies. Rund ums Jahr lassen sich alle Plätze bespielen.

Die Küstenlinie der Algarve gliedert sich in mehrere Zonen, die zum Teil sehr unterschiedliche Badebedingungen aufweisen. Das **Sotavento**, die durchaus charmante, sandige und lagunenreiche Windschattenseite, zieht sich von der Hauptstadt Faro bis zum Grenzfluss Rio Guadiana. Hier erinnert die Natur gelegentlich an Nord- oder Ostsee. Das **Barlavento**, die Windseite mit ihren dramatischen Felsabschnitten, beginnt westlich von Faro und verläuft bis zum Cabo de São Vicente. Türkises Wasser, rote Felsen, heiße Nächte – die bekanntesten und frequentiertesten Strände sind die des Barlavento.

Folgt noch die **Costa Vicentina**, der wilde Westen am offenen Atlantik mit weitläufigen Stränden, die beste Bedingungen für gute Wellenreiter bietet.

Bis Ende 2005 wurden knapp 50 Algarvestrände mit der »Blauen Flagge« für Sauberkeit ausgezeichnet.

Sollten Sie einen reinen Badeurlaub planen, bestücken Sie Ihre Apotheke unbedingt mit ausreichend UV-Schutzmitteln – der Wind lässt die aggressive Sonne besonders im Sommer trügerisch mild scheinen.

Zusätzlich wehen an bewachten Stränden Sonnensegel, »toldos«, die an zwei Pfählen befestigt sind. Man kann sie täglich oder wochenweise mieten. An vielen Stränden bekommt man durch fest installierte Strohschirme fast Südseefeeling. Mietpreis mit Liege: lohnende acht Euro pro Tag.

»Oben ohne« ist übrigens nur im Barlavento und an der Westküste üblich, hüllenloses Baden dagegen ist auf seltene Ausnahmen unerwünscht.

Viele Strände sind gut bewacht. Ähnlich wie bei uns gibt es Signale und Flaggen, die z. B. auf Sturmwarnung oder Wetteränderung hinweisen. Die Bedeutung der Flaggen:
Rot = Gefahr. Nicht baden.
Gelb = Achtung! Plantschen erlaubt, schwimmen verboten.
Grün = Alles in Ordnung.
Kariert = Pause. Der Strand ist im Moment unbewacht.

SOTAVENTO – FARO BIS MONTE GORDO

Armona, Culatra, Farol; Fuseta (Ria Formosa) ⋯⋙ S. 119, E/F 8
Drei Badeinseln, ab Olhão per Wassertaxi zu erreichen. Nach Armona geht's jede Stunde ab 7.45 bis 20.30 Uhr. Nach Culatra und Farol alle zwei Stunden (7 bis 19.30 Uhr). Auch ab Fuseta gibt es Fährverbindungen auf die Ilha Armona.

Cabanas ⋯⋙ S. 120, A 11
Dünen hinter dem sauberen Strand, ideal für Familien mit Kleinkindern.

Manta Rota ⋯⋙ S. 120, B 11
10 km feiner, weicher Sandstrand, dünengeschützt. Das Wasser ist hier besonders warm. Familienfreundlicher Strand mit Spielplatz.

Pedras del Rei ⋯⋙ S. 120, A 11
Ferienanlage bei Tavira, von der N 125 ausgeschildert. Exzellentes Surfgebiet, nachmittags windig. Zum Strand kann man »fußschonend« den kleinen Bummelzug benutzen. Restaurants, Surfschule.

Sport und Strände

Tavira ⇢ S. 120, A 11
Der Hauptstrand liegt auf der Ilha de Tavira. Viertelstündlich fährt ab dem Feriendorf Quatro Águas ein Pendelboot. Mit dem Auto kommend parkt man an der Anlegestelle in der Nähe der Salinen. Auf der Insel: Ferienhäuser und Campingplatz, wenig Schatten.

Barlavento – Faro bis Sagres

Albufeira ⇢ S. 118, B 7
Im Großraum Albufeira liegen mehrere feine Strände, allerdings wird man hier selten einsame Stunden erleben. **Olhos de Água** ist klein; **Praia de Oura** ist gut zum Schnorcheln, felsiger, flacher Grund. Der Stadtstrand von Albufeira wird durch einen Tunnel erreicht. Nebenan liegt die **Praia dos Pescadores** mit vielen bunten Fischerbooten. Wunderschön zeigt sich hier der Höhenweg zur **Praia Grande**, 5 km westlich. In Richtung Pêra trifft man auf die **Praia de Baleeira** und **Praia de São Rafaël**, beide ideal zum Tauchen.

Beliche/Sagres ⇢ S. 116, C 4
Im Schutz des Cabo de São Vicente nach Osten. Langer Pfad zum Strand. Bester Surf-, beliebter Angelstrand.

Burgau 👫 ⇢ S. 117, D 3
Ausgeschildert von der N 125 oder Klippenweg von Praia da Luz. Fischerdorf. Guter Strand für Kinder.

Carvoeiro ⇢ S. 117, F 3
Die schmalen Buchten sind windgeschützt, aber klein. Nachmittags verdecken die Felsen oft die Sonne. Der Fischerstrand, mitten im Dorf, ist malerisch. **Praia das Centianes**, 4 km östlich, wurde nach Felsabbrüchen wieder eröffnet. Gutes Surfrevier. **Carvalho**, der abgeschiedene Schmugglerstrand, liegt 1 km weiter. Sehenswert: das Felslabyrinth Algar seco.

Falésia/Vilamoura 👫 ⇢ S. 118, C 7
Östlich von Albufeira bis zur Marina von Vilamoura verläuft der weite Falésia-Strand, mit Dünen und Steilküste. Nehmen Sie den Weg durch die Aldeia das Açoteias mit Parkplatz auf den Klippen. Gutes Gebiet für Surfer, auch optimal für Kinder.

Lagos ⇢ S. 117, E 3
An die Felsformation **Ponta da Piedade** und ihre Grotten (→ MERIAN-Top-Ten, S. 71) fährt man am besten ab Lagos mit dem Boot. Der Hauptstrand **Meia Praia** 👫 schließt östlich an die Marina von Lagos an. Gutes Surfgebiet, manchmal starke Strömung. Hinter Molen und Flussmündung folgt der lange, in Felsbuchten endende Strand von **Três Irmãos**.

Marinha ⇢ S. 118, A 7
Von der N 125 gegenüber der Internationalen Schule von Porches. Gleich daneben: Armação de Pêra, schöne Klippen und Bucht.

Marinha/Vilamoura 👫 ⇢ S. 118, C 7
Ein Strand für kleine Kinder! Vor dem Hotel Atlantis. Ruhige See.

Martinhal 👫 ⇢ S. 116, C 4
Idealer Kinderstrand in der Bucht vor Sagres. Dünenlandschaft.

Praia da Luz ⇢ S. 117, D/E 3
Gleich westlich neben Lagos. Von Espiche gut zu erreichen. Wassersportcenter, Promenade.

Praia da Rocha ⇢ S. 117, F 3
Das mondäne Seebad der 1930er-Jahre ist der Hausstrand der Stadt Portimão. Abwechslungsreich, mit schönen Felsformationen und allerfeinstem Sand. In der Saison leider stark frequentiert.

Praia de Anção ⇢ S. 119, D 8
Nach den Luxus-Urbanisationen **Vale do Lobo** und **Dunas Douradas** folgt dieser weitere schöne Dünenstrand. In Richtung Vale do Lobo/Quinta do Lago biegen Sie beim Schild »Vale Garrão« ab, einige Kilometer über

Sport und Strände

den Feldweg, der vor Lagunen endet. Wählen Sie den langen Steinweg zur Baracke von »João Passos«.

Praia do Castelo/Praia da Galé
⤑ S. 118, B 7
Beide Strände liegen zwischen Albufeira und Pêra. Abbiegen nach Vale de Parra, dann etwa 2 km, rechts halten. Schildern folgen. Castelo ist eine ruhige, kleine Bucht. Die Praia da Galé 👫 ist in Richtung Armação de Pêra weitläufig, nach links felsig, teilweise wird FKK geduldet.

Quinta do Lago ⤑ S. 119, D 8
Ausgeschildertes Luxus-Resort in Pinienwäldern. Am Ende der Straße wartet ein bewachter Parkplatz. Zu Fuß geht's dann über eine lange Brücke zum weitläufigen Strand am westlichen Ende der Ria Formosa.

Salema ⤑ S. 117, D 3
Niedliches Dorf am Strand, im Sommer voll, beliebt bei der Jugend. Langer Strand, gutes Surfrevier.

Zavial 👫 ⤑ S. 116, C 3
Von Raposeira an der N 125 aus erreichbarer, weitläufiger Strand. FKK geduldet, Strohschirme. Übungsort für Surfschulen, gutes Restaurant.

Costa Vicentina – Westküste
Arrifana 👫 ⤑ S. 116, C 2
Neben Surfen und Baden kann man tolle Felswanderungen unternehmen.

Carrapateira ⤑ S. 116, C 2
Zum **Amado** kommen Wellenreiter aus ganz Europa. Achtung, Strömung! Surfschule und Restaurants. Die **Praia da Bordeira** 👫 ist sehr weitläufig und oft wenig frequentiert.

Castelejo ⤑ S. 116, C 3
Hier finden Einheimische die seltenen Entenmuscheln. Idealer Surfstrand.

Monte Clérigo ⤑ S. 116, D 1
Hübsches Dorf, etwas abgeschieden. Viele Surfer, wirkt etwas kalifornisch.

Odeceixe 👫 ⤑ S. 116, D 1
Tolle Wasserqualität, auch Baden im Fluss möglich. Neu: FKK-Strand.

Fussball
Warum nicht mal im Land der filigranen Balltechniker ein Trainingscamp organisieren? Die Fußballclubs Frankfurt und Mainz 05 tun es nahe des EURO 2004-Stadions in Loulé; auch dem Alfamar Hotel in Falésia sind drei Rasenplätze und diverse Fitnessräume angeschlossen.

Die bizarr-skurrilen Steinformationen der Ponta da Piedade südlich von Lagos sind ein landschaftliches Highlight der Algarve. Eine Bootstour durch das Felsgewirr mit seinen winzigen Stränden wird zum unvergesslichen Erlebnis.

Sport und Strände

Reiterferien in der Herdade do Castanheiro haben für behinderte und nicht behinderte Kinder einen hohen Freizeitwert.

Centro de Treino Futeból; Hotel Ria Park; Vale do Garrão, Loulé; Tel. 2 89/35 98 00; Hotel Alfamar Falésia; Tel. 2 89/50 13 51

Golf

Spätestens in der Ankunftshalle des Flughafens von Faro wird klar, dass Portugal zu den Golfparadiesen Europas zählen muss. Neuerdings schaut auch die ganze Golfwelt auf die Algarve, wenn Größen wie Langer und Cejka zum **PGA Algarve-Worldcup** anreisen. Nahezu jede Ecke der Küste ist mit Golfplätzen ausgestattet, die größte Flächendeckung besteht im Zentrum der Algarve um den Nobelort Vilamoura herum. Die trotz der häufigen Wasserknappheit äußerst gepflegten Rasen bieten allerlei Spielvarianten: Greens unter schattigen Pinien, mit vielen Wasserhindernissen oder hoch über dem Meer, am Rande der Klippen. Golf ist ein Luxussport, das weiß man; auch an der Algarve sind **Greenfees** nicht ganz günstig. Besonders während der Saison im Frühjahr und Herbst sollten Sie für die bekannteren Plätze **Startzeiten** einholen. Alle Informationen im Internet unter www.algarvegolf.net.

Palmares ⸺⸺⸥ S. 117, E 3
Platz auf hügeligem Gelände mit schönem Meerblick, an der Meia Praia. Im Frühjahr Mandelblüten-Competition.
18-Loch, Par 71; Tel. 2 82/79 05 00

Parque de Floresta ⸺⸺⸥ S. 117, D 3
Er gilt als ziemlich schwierig zu bespielen. 16 km westlich von Lagos in der Nähe des Salema-Strandes.
18-Loch, Par 72; Vale do Poço, Budens; Tel. 2 82/69 00 54

Penina ⸺⸺⸥ S. 117, F 3
Drei Golfkurse auf ehemaligen Reisfeldern hat Architekt Henry Cotton hingezaubert; die Gräben und Teiche verschlingen so manchen Ball.
Championship Course: 18-Loch, Par 73
Penina/Portimão; Tel. 2 82/42 02 00

Quinta do Lago ⸺⸺⸥ S. 119, D 8
Im Hinterland und doch nur Minuten vom Flughafen entfernt liegt eines der schönsten Golfresort Europas. Architekt: William Mitchell. Seit 1987 gehört der Platz zur PGA-Tour.
Insgesamt 36 Loch auf 6,5 km Kombiparcours; Almancil; Tel. 2 89/39 07 00

San Lorenzo ⸺⸺⸥ S. 119, D 8
Im Gebiet des Quinta do Lago liegt am Rande des Naturschutzgebiets einer der schönsten Plätze Europas. Architekten: Joseph Lee und William »Rocky« Roquemore.
18-Loch, Par 72; Quinta do Lago; Tel. 2 89/39 65 22

Vale de Milho ⸺⸺⸥ S. 118, A 7
In Carvoeiro, von Cupspieler Dave Thomas gestalteter, kleinerer Platz. Golfschule und schönes Restaurant.
9-Loch, Par 3; Carvoeiro/Lagoa; Tel. 2 82/35 85 025, Fax 35 84 97

Vale do Lobo ⸺⸺⸥ S. 119, D 8
Topadresse seit drei Jahrzehnten. Neu hinzugekommen: der wasserreiche Royal Course und, direkt am Meer, der Ocean Course. Gestaltet von Henry Cotton und »Rocky« Roquemore.

Sport und Strände

18/18-Loch, Par 72/71, Vale do Lobo, Almancil; Tel. 2 89/35 34 65

Vilamoura ···> S. 118, C 7
In der Hauptstadt des Golfsports, 29 km westlich von Faro, reihen sich berühmte und begehrte Plätze aneinander. Im Vitoria-Golfclub findet der Algarve Worldcup statt. Architekten wie Frank Pennink, Trent Jones und Joseph Lee reichten sich auf den Vilamoura-Greens die Hand.
Laguna Golf Course: 18-Loch, Par 72;
Millennium Golf Course: 18-Loch, Par 72;
Pinhal Golf Course: 18-Loch, Par 72;
The Old Course: 18-Loch, Par 73;
Vilamoura; Tel. 2 89/31 03 33

Hochseeangeln
Besondere Touren zum Sportfischen bieten Miguel und Virgílio vor der nordwestlichen Küste an. Vor Sonnenaufgang fahren Sie aufs Meer und fischen sechs Stunden lang. Oder unternehmen eine Rundfahrt an dieser aufregenden Küste und hoffen, dass Delfine Sie begleiten.
»Estemar«, Praia da Arrifana;
Tel. 2 82/99 73 00, Mobil 96/5 54 66 06

Mit Delfinen schwimmen
Ein Trainer weist Sie für 30 Min. ein, eine weitere halbe Stunde schwimmen Sie allein mit Delfinen.
Zoomarine, Guia bei Albufeira;
Tel. 2 89/56 03 06, Fax 56 03 08; 100 €
(eine begleitende, nicht schwimmende Person inklusive)

Reiten
Mit Camp-Ausrüstung geht's für zwei Tage durchs Hinterland auf das Hochplateau von Rocha da Pena. Mit Barbecue und gutem Weinsortiment.
Rancho do Cavalo Louco, Loulé;
Tel. 2 89/41 50 51, Mobil 96/2 68 52 93

Tauchen
Ein Tauchkurs im Urlaub – Sie entscheiden die Intensität. Mit dem auf Sicherheit getrimmten ehemaligen Fischerboot fährt man zu den Riffen vor der Küste von Lagos. Durch die Taucherbrille ist tolle Sicht auf Tintenfische, Seepferdchen, Muränen und Wracks garantiert. Die Ausflüge starten zweimal wöchentlich, Ausrüstung wird bei Bedarf gestellt.
Blue Ocean Divers; Motel Ancora, Estrada de Porto de Mos Apartado 789;
Tel. 2 82/76 72 44, Mobil 9 64/66 56 67;
www.blue-ocean-divers.de

Wellenreiten
Cooles Surferleben kann man bei Stefan Strauß in Burgau genießen. Zum Wellenreiten geht's an den jeweils günstigsten Strand, die Unterkunft ist familiär, morgens wird gemeinsam gefrühstückt. Vom Haus am Hang geht der Blick aufs Meer westlich von Lagos. Der geprüfte Surflehrer bietet auch einwöchige Girls'-Camps an.
Surfing Algarve, Rua da Fortaleza 2;
Tel. 2 82/69 76 72, Mobil 91/8 76 41 90;
www.surfing-algarve.com

MERIAN-Tipp

Reiten in der Herdade do Castanheiro

Das höchste Glück auf Erden liegt bekanntlich auf dem Rücken von Pferden. Getreu dem Motto betreibt Silke Baumgarten seit 1999 ihre Reitschule an der Algarve. In Bensafrim, nordwestlich von Lagos, bietet die Heilpädagogin und erfahrene Reiterin auf ihrem Gut integrative Ferien für behinderte und nichtbehinderte Kinder, aber auch für Erwachsene an. Ausritte durch die herrlich duftende Natur können von jedem Neueinsteiger oder Könner gebucht werden. Die sechs verschiedenen, geräumigen Ferienwohnungen des Gutshauses bieten Platz für bis zu sechs Personen pro Apartment. Küche und Bad sind jeweils integriert.

Tel. 2 82/68 75 02;
www.herdade-do-castanheiro.com
●● ···> S. 117, D 3

Familientipps – Hits für Kids

Baden, Bimmelbahn und Wasserrutschen: Langeweile kommt an der Algarve garantiert nicht auf.

»Comboío turístico« heißen die lustigen Bimmelbahnen, die sich besonders bei kleinen Gästen großer Beliebtheit erfreuen. Sie sind unter anderem in den Städten Albufeira, Faro, Silves und Tavira zu finden.

Familientipps – Hits für Kids

Einen kindgerechten Urlaub an der Algarve zu verbringen ist nicht schwer. Welche Strände sich am besten für Ferien mit den Kleinen eignen, entnehmen Sie dem 👪-Symbol im Kapitel »Sport und Strände«. An der **Ostküste (Sotavento)** lässt sich's besser buddeln und baden. Das Meer ist wegen der flachen Strände ruhiger, die Küste windstiller. Außerdem gibt es hier – dank der lagunenartigen Landschaft – reiche Vorkommen an schönen Muscheln. An der **Südküste (Barlavento)** eignen sich für Kinder die größeren Strände besser als enge Buchten. Oft gibt es dort Tretboote zu mieten. Auch manche Strände der **Westküste** sind perfekt für kleine Sandbau-Architekten. Dort allerdings sollten Sie die Knirpse nicht allein ins Wasser gehen lassen.

Abwechslung in den Badeurlaub bringen zahlreiche gut organisierte Attraktionen. Hier eine Übersicht:

Ballon fahren ·····˃ S. 118, C 7
Hoch über den Masten der großen Segelyachten schweben: Ein Fesselballon macht's möglich.
Marina Vilamoura; Tel. 2 89/31 65 76/ 5 77; tgl. halbstündlich 9.30–18 Uhr; Erw. 15 €, Kinder bis 12 Jahre frei

Bimmelbahn
In verschiedenen Städtchen fahren die lustigen »comboío turistico«. Für wenig Geld können Sie den Kleinen eine Freude machen und sich einen guten Überblick verschaffen. Abfahrtsorte zentral in der Altstadt.
Albufeira; Armação de Pêra; Carvoeiro; Faro; Silves; Tavira; je um 3 € pro Person

Bowling
Rock'n'Bowl ·····˃ S. 118, B 7
Im größten Einkaufszentrum der Region, dem Algarve Shopping, kann man neben Bummeln auch den Abend mit Bowling verbringen. Zwölf moderne Bahnen und weitere Freizeiteinrichtungen.
Algarve Shopping, Guia/Albufeira; Tel. 2 89/10 06 90; Öffnungszeiten: So–Do 12–1, Fr und Sa 12–2 Uhr

Golf
Golf-Akademie – Familienkurs
·····˃ S. 119, F 7
Im Mekka des Golfsports mit der ganzen Familie putten lernen! Reiseveranstalter Thomas Cook bietet Kurse für ein oder zwei Elternteile mit bis zu

Langeweile kommt nicht auf

zwei Kindern an. Etwa im Maragota Colina Verde Hotel mit angeschlossenem 9-Loch-Platz (Moncarapacho bei Olhão). Sie wählen die Intensität, der (deutschsprachige) Golflehrer betreut seine »Rookies« individuell. Es werden kleine Gruppen vom Veranstalter zusammengestellt. Range-Fee und Range-Bälle sind in der Kursgebühr enthalten; Green-Fees nicht!
Golfmöglichkeiten auf vielen Plätzen der Algarve;
Preisbeispiel für Familienkurs
3 Tage je 2 Std.:
1 Erw. plus 1 Kind bis 18 J.: 420 €
1 Erw. plus 2 Kinder bis 18 J.: 499 €
2 Erw. plus 1 Kind bis 18 J.: 530 €
2 Erw. plus 2 Kinder bis 18 J.: 590 €
Alle Infos (in Deutschland) über Thomas Cook; Tel. 0 18 05/25 25 22 oder (vor Ort) über Maragota Colina Verde Hotel; Tel. 2 89/79 01 10; www.golfcolinaverde.com

Kartingbahn
Mundo do Karting ·····˃ S. 119, D 7
Der Platz in Almancil ist nach Vorgabe der Jacarapégua-Bahn in Brasilien angelegt und 1992 vom damaligen Formel-1-Weltmeister Ayrton Senna eröffnet worden. Restaurant am Parcours.
Almancil Karting Circuit; N 125 Ausfahrt Almancil Ost (Este), den Schildern folgen; Tel. 2 89/39 98 99; www.mundokarting.pt; tgl. ab 10 Uhr geöffnet (im Winter Mo geschl.); Kartmiete ab 11 €/10 Min.

Familientipps – Hits für Kids

Minigolf
Krazy World ⇢ S. 118, B 7
Europas größter und originellster Abenteuer-Minigolfplatz. Inmitten Eseln, Ziegen und Enten vergnügt sich der Golfnachwuchs. Pool und Restaurant sorgen für Erfrischung.
Algoz, N 125 ab Guia/Albufeira; Tel. 2 82/ 57 4 1 34; ww.krazyworld.com; tgl. ab 10 Uhr; Eintritt: Erw. 10€, Kinder 7€ ♿

Roma Golf Park ⇢ S. 118, C 7
Miniaturgolf at it's best! Unweit der ganz Großen, im Golfrevier Nr. 1, können auch die Kleinen auf dem 18-Loch-Platz putten. Die moderne Anlage ist dem alten Rom nachempfunden, schließlich ist in Vilamoura eine altertümliche römische Villa ausgegraben worden. Wöchentliche Wettbewerbe für Kinder- und Erwachsenengruppen!
Vilamoura, Nähe Post/Cerro da Vila; Tel. 2 89/30 08 00, Fax 38 07 16

Segeln
Segeln mit einer Karavelle
 ⇢ S. 117, F 3
Am Sardinenkai von Portimão heißt es morgens kurz vor zehn »Schiff ahoi«! Dann werden Rettungswesten angelegt, und los geht's auf große Fahrt. Die mittelalterliche Zweimast-Karavelle »Santa Bernarda« erkundet mit der Mannschaft die Grotten der Küste. Voraussetzung: Die Familie muss »seefest« sein. Frühzeitig reservieren; am Hafen sind kostenlose Parkplätze vorhanden.
Caravela Santa Bernarda, Cais Vasco da Gama im Hafen Portimão; Tel. 2 82/46 10 97, Mobil 96/4 04 27 54; www.santa-bernarda.com; verschiedene Fahrten/Abfahrtszeiten; Erw. ab 25€, Kinder bis 10 J. ab 15€ ♿

The Sailcompany
Auf Kufen durchs Meer vor der Algarve gleiten – eine Erfahrung der besonderen Art für kleine und große Wasserratten. Simone Schulz und Thomas Becker schnüren Komplettpakete vom Flug über Unterkunft bis zum Segelkurs. Das erfahrene »CAT«-Lehrerteam leitet seit Jahren die ganzjährig geöffnete Katamaranschule in Lagos, selbst Segelscheinprüfungen werden abgenommen.
Lagoseira Apartado 811, Lagos, Meia Praia; Mobil 9 17 30 49 57, Fax 79 20 34; www.sailcompany.com

Themenparks
Minas dos Mouros ⇢ S. 120, B 9
Ein Museumsdorf mit Bergwerk und 5000 Jahre Geschichte werden mithilfe authentischer Figuren dargestellt. Erfrischend ist der Pool im Fluss. Interessant für Kinder ab acht Jahren. Bei Regen geschlossen.
Vaqueiros bei Alcoutim; ca. 60 km ab Faro; Tel. 2 89/99 92 29; E-Mail: guadiana.parque@mail.telepac.pt; geöffnet März–Dez. 10.30–16.30 Uhr; Erw. 5 €, Kinder 4,25 €

Wasserrutschen
In mehreren Orten entlang der N 125: **Aqualine** bei Altura; **Big One** bei Alcantarilha; **Slide Splash** bei Lagoa; **Aquashow** in Semino-Quarteira. Eintritt wird nach Aufenthaltsstunden berechnet. Nachmittags günstiger!

Abenteuer: Mit einer historischen Karavelle wie der »Santa Bernarda« fühlt man sich wie die großen Entdecker von damals.

Auf dem fantasievoll angelegten Areal des Zoologischen Gartens von Lagos leben mehr als 90 Tierarten, darunter Affen, exotische Vögel und zahlreiche Schildkröten.

Zoomarine ⤑ S. 118, B 7
Ein Riesenvergnügen rund ums Wasser. Krokodile, Seepferde und Delfinshow, Hüpfburgen, Karussells. Hotel-Transfer. Angeschlossenes Reha-Zentrum mit Delfinen.
N 125 bei Guia/Albufeira;
Tel. 2 82/56 03 00; www.zoomarine.com;
tgl. 10–18 Uhr, Mo geschl.; Eintritt: Erw. 19,90 €, Kinder/Senioren 12,20 € ♿

Wandern
Wandern im Monchiquegebirge
Kleine Abwechslung zum Strand gefällig? Mit Uwe Schemionek, der seit den 1990er-Jahren im Hinterland lebt, kein Problem! Der erfahrene Führer kennt die Gegend um Monchique mit ihren üppig bewachsenen Terrassenhängen wie seine Westentasche. So wird ein Ausflug auf Schusters Rappen zum naturkundlichen Erlebnis. Die verschiedenen drei- bis achtstündigen Wanderungen bewältigt man gut mit normaler Kondition – festes Schuhwerk ist erforderlich. Für Nachteulen toll: die Mondscheinwanderung mit Picknick! Treffpunkt ist jeweils in Monchique (→ Routen und Touren, S. 93).
Uwe Schemionek, Alferce, Monchique;
Tel. 2 82/91 10 41, Mobil 96/6 52 48 22;
www.wandern-mit-uwe.de

Wissensdurst
Wissenschaftsmuseum
⤑ Umschlagkarte hinten, b 5
Ein lebendiges Museum für kleine Sternengucker am Hafen von Faro.
Ciência Viva; Faro; am Yachthafen;
Tel. 2 89/89 09 20; www.ccvalg.pt

Zoologische Gärten
Omega Parque ⤑ S. 117, F 2
Gepard, Nilpferd und roter Panda neben lustig aussehenden Äffchen und bunten Vögeln bringen einen schönen Kontrast in die subtropische Terrassenlandschaft der Gegend um Monchique. Viele Tiere, die man an der Algarve kaum vermutet hätte.
Caldas de Monchique; Tel. 2 82/91 13 27;
www.omegaparque.com; Öffnungszeiten Sommer: 10–19 Uhr, Winter 10–17 Uhr;
Erw. 8 €, Kinder 5 €, Familien 22 €

Parque Zoológico ⤑ S. 117, E 3
Mehr als 90 Tierarten, vor allem Affen, Vögel und Reptilien, leben auf dem ideenreich angelegten Areal nördlich von Lagos. Großes Papageienhaus! Restaurant und Bar sind vorhanden.
Quinta das Figueiras, Sítio do Medronhal; Barão de São João/Bensafrim;
Tel. 2 82/68 01 00; www.zoolagos.com;
Erw. 8 €, Kinder 6 €, Familienkarte 21 €

Unterwegs an der Algarve

Eine Landschaft wie aus dem Bilderbuch: Praia da Rocha, seit 1910 das mondänste Seebad der Algarve, ist nach wie vor auch berühmt für (be-)sinnliche Badetage, (be-)rauschende Ballnächte oder fantastische Sonnenuntergänge.

Schroffe Felsen, grüne Küsten, turbulente Urlauberzentren und stilles Hinterland: An der Algarve ist Kontrast Programm. Ein Traum für jeden, der einfach nur Urlaub machen möchte.

Sotavento – Faro bis Rio Guadiana

Der ruhigere und eher portugiesische Teil der Algarve bietet Lagunen, Marschen und viel Strand.

In die Hafenstadt Tavira kehrt meist erst abends beschauliche Ruhe ein. Untertags herrscht rund um die Markthalle der ehemaligen Tunfischmetropole buntes Treiben.

Sotavento – im Windschatten; so nennen die Portugiesen die weitläufige Küste zwischen Faro und der Grenze zu Spanien. Mit Ausnahme des Ostens, wo nordsee-ähnliche Strände zu finden sind, erreicht man die auf Lagunen vorgelagerten Badestellen am besten per Wassertaxi. Klimatisch gesehen ist es im Sotavento immer ein wenig wärmer als im übrigen Land. Das begünstigt auch die Vegetation: Üppig blühende Mandelbäume und Orangenhaine bestimmen das Landschaftsbild, und selbst der Weinanbau breitet sich langsam aus.

Faro ⇢ S. 119, E 8
30 000 Einwohner
Stadtplan → Umschlagkarte hinten

Die verkannte Schöne, so könnte man Faro nennen. Fünf Millionen Touristen landen jährlich in »FAO«, dem internationalen Flughafen der Algarve. Von hier aus geht's zumeist direkt zum Urlaubsdomizil. Kaum einer gönnt sich ein paar Stunden, um die bezaubernde Hauptstadt der Algarve zu erkunden. Dabei gibt es in Faro vieles zu entdecken. Umgeben von Lagunen und Sanddünen, an der Grenze zwischen der westlichen Felsalgarve und der östlichen Sandalgarve, liegt ein wahres Juwel: Faros ineinander verschachtelte Altstadtviertel lassen auch heute noch erkennen, dass die Stadt zwischen 714 bis 1249 500 Jahre unter maurischer Herrschaft stand. Zudem hat Faro das große Erdbeben von 1755 weitgehend unbeschadet überstanden. Die Altstadt besteht zum einen aus der ummauerten **Vila Adentro,** der alten Stadt in der Stadt, die der Araberfürst Ibn Harun im 8. Jh. gründete. Gleich nebenan die **Mouraria,** das Maurische Viertel, deren Fußgängerzone einen Spaziergang lohnt. Wenig touristisch und eine eigentümliche Ruhe ausstrahlend, lädt die Hauptstadt zum Verweilen ein. Im Uferviertel, dem **Bairro Riberinho,** geht es mit Clubs und Kneipen etwas lebhafter zu.

Hotels/andere Unterkünfte
Faro ⇢ Umschlagkarte hinten, b 4
Frisch restauriertes, großzügiges Designhotel direkt am Yachthafen, absolut zentral. Restaurant und Bar im Hause, Dachterrasse mit Blick aufs Naturschutzgebiet, Tiefgarage.
Praça Francisco Gomes 2;
Tel. 2 89/83 08 30, Fax 83 08 29;
www.hotelfaro.pt; 60 Zimmer
●●●● CREDIT ♿

Mónaco ⇢ Umschlagkarte hinten, westl. a 1
Freundliches Drei-Sterne-Hotel in Flughafen- und Strandnähe. Shuttlebus zur Badeinsel Ilha do Faro.
Rua Baptista Severino/Montenegro;
Tel. 2 89/89 50 60, Fax 89 50 69;
www.hotel monaco.pt; 64 Zimmer
●●● CREDIT

Madalena ⇢ Umschlagkarte hinten, b 4
Nette, ruhige Pension. Zentral im Bairro Riberinho gelegen, Kneipen und Cafés in der Nähe.
Rua Conselheiro Bivar 109;
Tel. 2 89/80 58 06/7, Fax 80 58 07;
25 Zimmer ●●

Oceano ⇢ Umschlagkarte hinten, b 5
Einfache, saubere Pension mitten im Maurenviertel. Tipp: Fragen Sie nach Zimmer mit Dachterrasse, von dort haben Sie Hafen und Altstadt im Blick.
Travessa Ivens, 21, Hochparterre;
Tel. 2 89/82 33 49, Fax 80 55 90;
22 Zimmer ● CREDIT

Spaziergang
Um die Altstadtbezirke Faros in voller Pracht erleben zu können, starten Sie am besten nachmittags, dann sind Licht und Wärme angenehm. Am Abend können Sie Ihre Tour gemütlich bei einem Getränk im bunten Treiben des Uferviertels beenden. Zu-

dem haben die Museen und Kirchen meistens nachmittags zwischen 14 und 17.30 Uhr geöffnet. Beginnen Sie Ihren Spaziergang am Sporthafen. Von dort aus halten Sie sich links in Richtung **Vila Adentro**, dem historischen Zentrum. Sie gehen durch den **Arco da Vila**, einen Torbogen, auf dem der heilige Thomas von Aquin thront. Geradeaus gelangen Sie auf den prachtvollen **Largo da Sé** mit seiner Kathedrale und dem Bischofspalast, der hinter einer Phalanx von üppig tragenden Orangenbäumen liegt. Den Turm der **Sé** kann man besteigen – von oben hat man eine überwältigende Aussicht auf die Lagunenlandschaft vor der Stadt. Halten Sie sich rechts, zunächst durch die Stadtmauer (**Arco da Porta Nova**) in Richtung des Ria Formosa. Hier am Anleger könnten Sie übrigens eine Bootstour durch den Naturpark buchen. Links, entlang der Stadtmauer, gelangen Sie wieder in die Adentro. Das gelb getünchte Gemäuer dort ist die alte Bierfabrik. An der **Praça Afonso III.** finden Sie das Archäologische Museum **Infante D. Henrique** mit Kloster **Nossa Sra. da Assunção**. Bevor Sie rechter Hand die historische Altstadt wieder verlassen, sollten Sie unbedingt das **Ibn Harun** gesehen haben. Ein nach dem Stadtgründer benanntes Veranstaltungszentrum, das rund um die Uhr Restaurant, Bar und Tummelplatz für Jedermann darstellt. Nur durch dieses Outdoor-Lokal rechts vorm nördlichen Stadttor können Sie die Stadtmauer beschreiten und einen tollen Ausblick bei einem Drink genießen. Links aus der Altstadt heraus kommen Sie zurück in die **Mouraria**. Vorbei an kleinen, bunten Wohnhäusern führt der Weg direkt in die Fußgängerzone mit ihren blank getretenen, mehr als 100 Jahre alten Mosaiksteinen und vielen kleinen Geschäften. Geradeaus gelangen Sie über die **Praça da Almeida** an den **Largo de São Pedro** mit seiner Kirche. Achten Sie unterwegs auf die »azulejos«, die gefliesten Wandbilder. Am **Largo do Carmo** kommen Sie auf die Kirche zu, deren größte Sehenswürdigkeit sicher die düstere Knochenkapelle ist. Weiter geht's links durch die Rua da Boavista zur Kirche des Kapuzinerordens **Capuchos**. In der Rua de São Pedro steht die **Casa dos Azulejos**, 1926 als Geschenk eines Reeders an seine Tochter erbaut und üppig mit rötlichen Fliesen dekoriert. Nun sind Sie schon wieder mittendrin; in der Rua Conseilheiro de Bivar tobt das Leben, hier finden Sie sicher ein nettes Restaurant für den Abend.
Dauer: 2 Std.

Sehenswertes
Ilha do Faro
⇢ Umschlagkarte hinten, östl. a 1
Die Bade(-halb)insel der Stadt. Vom Bahnhof aus fahren Busse auf das vorgelagerte Archipel mit Blick aufs offene Meer. Kilometerlanger weißer Sandstrand, erstklassige Restaurants.
Linie 14/16 ab Faro-Zentrum oder mit dem Auto Richtung Flughafen Faro; 8 km ab Innenstadt

Nossa Senhora do Carmo
⇢ Umschlagkarte hinten, b 3
Die doppeltürmige Barockkirche aus dem 18. Jh. hat im Hof eine Knochenkapelle (»capela dos ossos«). Über der Tür prangt der makabre Satz: »Wir warten auf euch«. Am 15. Juli jeweils große Prozession zum Andenken an die erste Messe 1719.
Largo do Carmo; Di–Fr 10–13 und 14.30–17 Uhr; Eintritt 0,60 €

Ria Formosa Naturpark
⇢ S. 116, E 8
Per Boot kann man durch die Kanäle der einzigartigen Lagunenlandschaft zur **Ilha Deserta** schippern. Das einzige Gebäude der Insel ist das komplett aus Holz gebaute Restaurant O Estaminé, ansonsten gibt es nur unberührte Natur und einen traumhaften, bewachten Badestrand mit zahlreichen Freizeitmöglichkeiten.

Der prachtvolle Largo da Sé in Faro mit dem steinernen Standbild des Bispo Santo und der Kirche Sé verwandelt sich wochentags in einen riesigen Parkplatz.

Tel. 91/7 81 18 56;
www.ilha-deserta.com; Abfahrt ab
Cais da Porta Nova; tgl. 11 und 15 Uhr
(außer Mo); 20 €

Museen und Galerien
Galerias Municipais de Arte
⤑ Umschlagkarte hinten, b 6
Hier stellen regelmäßig bekannte portugiesische Künstler aus: Stadtgalerien Trem und Arco in der Vila Adentro. Das Arco zeigt zusätzlich eine große Spielzeugausstellung.
Rua do Trem/Rua do Arco; Mo und Sa 14.30–18 und Di–Fr 10–18 Uhr; gratis

Museu Etnográfico Regional
⤑ Umschlagkarte hinten, c 4
Ein mit viel Liebe zum Detail eingerichtetes Volkskunde- und Heimatmuseum. Gezeigt werden Gegenstände zu Themen wie Volkskunst, Handwerk, Fischerei und Landwirtschaft. Ausgestellt werden auch Gemälde aus der Region.
Praça da Liberdade, 2; Mo–Fr 9–12.30 und 14–17.30 Uhr; Eintritt frei

Museu Marítimo Almirante Ramalho Ortigão
⤑ Umschlagkarte hinten, a 4
Für große und kleine Jungs: Das Modell des Flaggschiffs »São Gabriel«, mit dem Vasco da Gama zu seinen Entdeckungsfahrten aufgebrochen ist, wird präsentiert, aber auch über die Tunfisch-Fangmethoden kann man sich hier informieren.
Am Yachthafen, Praça Dr. F. Gomez; Mo–Fr 14.30–16.30 Uhr; Eintritt 1,50 €

Museu Municipal
⤑ Umschlagkarte hinten, b 6
Ausgestellt sind Funde aus Estói/Milreu und ein Fußbodenmosaik aus dem 3. Jh. Im Sommer finden im Garten des Kreuzgangs des ehemaligen Klarissen-Conventes Avantgarde-Theater, Jazz, Fado und klassische Musikabende statt. In der angrenzenden Kirche werden im Winter klassische Konzerte angeboten.
Largo D. Afonso III; Di–Fr 9–20, Sa/So 13.30–20 Uhr (Sommerzeiten); Eintritt 1,50 €, Kinder frei

Sotavento – Faro bis Rio Guadiana

ESSEN UND TRINKEN

Camané ⤑ Umschlagkarte hinten, westl. a 1
Hübsch ausgestattet, guter Service, feines Essen. Auf der Ilha do Faro, hinter der Brücke links. Abends ist Anmeldung nötig.
Av. Nascente; Tel. 2 89/81 75 39; tgl. außer Mo 12–15.30 und 19.30–22.30 Uhr ●●● CREDIT

O Gargalo ⤑ Umschlagkarte hinten, d 5
Hier, im Herzen Faros an einem kleinen, schattigen Marktplatz, tafeln auch gerne die Politiker der Region. Etwas feineres Ambiente.
Largo do Pé da Cruz 30; Tel. 2 89/82 73 05; Di geschl. ●● CREDIT

Café Aliança ⤑ Umschlagkarte hinten, b 4
Im ehemaligen Literatentreff, einem der ältesten Cafés Portugals, ist noch immer eine gehörige Portion Nostalgie zu verspüren. Trinken Sie wie einst Pessoa und de Beauvoir Ihre »bica«, bevor Sie den Tag beginnen. Zum Essen nur für Snacks gut.
Praça Francisco Gomes 6–11 (Fußgängerzone); Tel. 2 89/80 16 21; tgl. 8–24 Uhr ●

Mesa dos Mouros ⤑ Umschlagkarte hinten, b 5
Hübsch an der Kathedrale gelegen. Man kann auch draußen essen. Abends vorbestellen. Gute Regionalküche und Tapas.
Largo da Sé 10; Tel. 2 89/87 88 73; So geschl. ● CREDIT

Taska ⤑ Umschlagkarte hinten, b 3
Traditionelle Algarve-Küche wie z. B. »ensopada de enguias« (eine Art Aal-Stew) oder »caril de gambas« (Garnelen-Curry) sollte man hier probieren.
Rua do Alportel 38; Tel. 2 89/82 47 39; So geschl. ● CREDIT

EINKAUFEN

⤑ Umschlagkarte hinten, b/c 4
Faros lebendigste **Fußgängerzone** ist relativ neu gestaltet. Die Rua de Santo António geht über in den Platz der Freiheit, der in eine mehrspurige Avenue mündet. In allen Nebengassen finden Sie Keramik, Stickereien, Zinn und ein reiches Schuhangebot. Exotisches bei Privé am Ende der Straße rechts herum. Antiquitäten in der Altstadt, rechts der Kathedrale. Bestes regionales Kunsthandwerk, auch feinstes Leinen, in der Altstadt bei

Den schönen rosafarbenen Palast des Grafen von Estói flankiert eine mit bunten Fliesen, den »azulejos«, geschmückte Freitreppe.

Porta da Moura, Rua do Repouso. Am Stadtrand von Faro in Richtung Flughafen lockt das Forum Algarve, ein Einkaufstempel mit Megasupermarkt, Fressmeile und Unterhaltungsangeboten wie Kinos und Bars.

AM ABEND
···⟩ Umschlagkarte hinten, b 4

Mit dem Wachsen der Universität ist das Nachtleben im Rotlichtdistrikt um die Rua Conselheiro de Bivar und die Rua do Crime sehr munter geworden. Studentenbar Académica, Discos Milenium (Mo geschl.) und 24 de Julho, beide Rua do Prior. Rund um den **Yachthafen** im Jardim Manuel Bivar lässt es sich auf warmen Pflastermosaiken schön flanieren.

SERVICE
Auskunft
Posto de Turismo
···⟩ Umschlagkarte hinten, b 5

Infomaterial über alles Wissenswerte aus der gesamten Region. Die blaue deutschsprachige Broschüre enthält gute Infos über Historisches.
Rua da Misericórdia 8–12 (links vor dem Arco da Vila); Tel. 2 89/80 36 04 und 80 36 67; tgl. 9.30–19 Uhr

Flughafen Faro
···⟩ Umschlagkarte hinten, westl. a 1
Tel. 2 89/88 08 00

Post   ···⟩ Umschlagkarte hinten, b 3
Largo do Carmo; Tel. 2 89/89 25 90; Mo–Fr 8.30–18.30, Sa 9–12 Uhr

Ziele in der Umgebung

Estói   ···⟩ S. 119, E 7

3100 Einwohner

Ein stiller, kleiner Ort, unweit von Faro. Zwei Attraktionen locken viele Sommerbesucher an: die **Ruinen von Milreu** und der Palast des Grafen von Estói. Auf dem Ausgrabungsgelände der Ruinen ist in den vergangenen Jahren erstaunlich viel zum Vorschein gekommen. Man erkennt die Umrisse einer römischen Villa aus dem 2. Jh. n. Chr. mit Säulenresten und Patio, ein Badehaus mit Mosaiken, das bereits über Warm- und Kaltwasserbecken verfügte. Am besten erhalten sind die Reste eines Wassertempels (Di–So 9.30–12.30 und 14–18 Uhr).

Der **Palácio do Visconde de Estói** wurde um 1840, inspiriert vom romantischen Pena-Schloss in Sintra, erbaut. Heute träumt das Herrenhaus in einem verwilderten Park vor sich hin und wartet auf die Umbauten, die aus ihm eine »pousada« machen sollen. Seine Jugendstil-»azulejos« zählen zu den besonderen Attraktionen (Park Di–Sa 9–12 und 14–17 Uhr; Eintritt frei; Innenbesichtigung nicht möglich).
10 km nördl. von Faro

ESSEN UND TRINKEN
O Vitor
Das schlauchartige Restaurant öffnet sich hinten zu einem hellen Anbau und ist immer gut besucht. Der Chef serviert, seine Frau kocht.
Rua Vasco da Gama 37; So geschl.
●● ⌧

O Familiar
Das Lokal ist ein portugiesisches Familienrestaurant mit einfacher, ordentlicher Hausmannskost. Jeden Sonntagabend tanzt dort eine Folkloregruppe.
Coiro da Burra (hinter der Tankstelle an der N 2/N 532); Tel. 2 89/99 14 40 ● ⌧

Fuseta 👯   ···⟩ S. 119, F 8

4000 Einwohner

Die kleine Schwester von Olhão ist bei jungen Leuten beliebt, abends geht man ins Farol, wo oft Livemusik zu hören ist. Wenn die Sonne untergeht, wird es lebendig. Dann kommen die Badegäste mit den Fähren von den

Die Markthallen der Hafenstadt Olhão sollten Sie am Samstagvormittag besuchen, dann bieten dort die Bauern der Region ihre Waren feil.

Inseln zurück, die alten Herren des Club Recreativo im Ortskern, kühl und schattig, klönen auf den Bänken, Familien gehen essen, und irgendwo ist immer was los. Der Campingplatz ist gut belegt und liegt so zentral, dass alles bequem per pedes erreicht werden kann.

Am Hauptplatz kochen Musch und Christoph im La Plage (Tel. 2 89/79 30 19 ●● CREDIT) »Cozinha Latina«; die Urlaub machenden Portugiesen treffen sich zum Essen am liebsten im Patio der einfach gehaltenen A Concha (Rua Liberdade 95, Mo geschl. ● ⌧).

16 km östl. von Faro

Hotels/andere Unterkünfte
Vilamonte
Im Hinterland, zwischen Olhão und Fuseta, liegt, versteckt in einem paradiesischen Garten, dieses besonders edle Luxus-Resort im maurischen Stil und unter deutscher Leitung. Pools mit Outdoor-Lounge. In der Orangerie wird das Dinner serviert (auch für Nicht-Hausgäste nach Anmeldung). Kleiner 3-Loch-Golfplatz mit Driving Range und Golfschule mit eigener Trophy.
Moncarapacho/Olhão;
Tel. 2 89/79 07 90; www.vilamonte.de
●●●● CREDIT
Pauschalbuchung in Deutschland:
Tel. 02 11/87 67 07 55, Fax 8 76 70 76

Olhão ⟶ S. 119, E 8
20 000 Einwohner

Hinter dem Lagunensystem des Ria Formosa verbirgt sich die alte Fischerstadt mit bunten Booten und viel Trubel. Die schlichte Schönheit des Hafenviertels überrascht: Der Altstadtkern aus dem 18. Jh. ist umzirkelt von einfachen Wohnblocks. Mit seinen kubischen Hausformen und den verschachtelten Gässchen könnte diese Meile auch in Afrika liegen. Und von dort kommt auch das Vorbild. Die Fischer, die das Fangrecht vor Nordafrika hatten, schauten sich dort die maurische Terrassenbauweise ab. Den besten Überblick auf die für Olhão typischen »açoteias« hat man vom Glockenturm der Hauptkirche **Igreja da Nossa Sra. do Rosario**. Die flachen Dachterrassen der weiß getünchten Fischerhäuschen ergeben ein herrliches Labyrinth, alles scheint durch Außentreppen miteinander verbunden. In den »docas« am Hafen geht abends die Post ab, hier trifft sich die Jugend. Umtriebiger Anziehungspunkt des Stadtlebens sind die filigran gestalteten **Markthallen** mit ihren runden Türmen. Der Markt von Olhão gilt als der beste der Region. Frühmorgens bieten links die Bauern der Region ihr Gemüse feil, in der rechten Halle gibt's die beste Auswahl feinster Fische und Krustentiere. Bis 13 Uhr geöffnet.

Zwischen Olhão und Fuseta kann man je nach Gezeitenplan die Lagunenlandschaft zu Fuß durchqueren. Bei Ebbe ist eine Wattwanderung zur Badeinsel **Armona** möglich (ca. 30 Min.). Hier gibt es Dünenketten und einen langen weißen Sandstrand. Bis zum Anleger der Fähre, die tagsüber zwischen Fuseta und der Insel pendelt, ist man eine weitere halbe Stunde unterwegs.

10 km östl. von Faro

Tavira ····> S. 120, A 11

25 000 Einwohner
Stadtplan → S. 49

In Tavira sollte man gut zu Fuß sein, denn diese wundervolle Stadt möchte »erlaufen« werden. Noch bis vor zwei Jahren schlummerte die Schöne so vor sich hin, doch wer heute nach Tavira kommt, wird erstaunt sein. An der Mündung des Gilão verwandelte sich ein Fischerdorf in einen Hotelkomplex mit eigener Fähre zur Badeinsel. Aus der Markthalle der ehemaligen Tunfischmetropole wurden Cafés und Restaurants, die Boutiquen sind bis in die Nacht geöffnet.

Dabei ist Tavira uralt, bereits 2000 v. Chr. wurde es erstmals erwähnt. Griechen, Römer und Mauren residierten hier, bis die Portugiesen 1242 die Araber besiegten. Patrizierhäuser spiegeln sich im Fluss, etwa 30 Gotteshäuser gibt es, und manche Kirchturmspitze scheint direkt aus Tausendundeiner Nacht entsprungen. Über kleine Treppchen gelangt man zu Bootsanlegern, und eine römische Brücke verbindet die beiden Stadtteile miteinander.

Vor den Toren der Stadt gedeiht ein schwerer Wein – Tavira gilt als der wärmste, sonnigste Ort an der Algarve –, und die Jugend trifft sich auf der **Ilha de Tavira**, der vorgelagerten Sandbank, zum Baden und Feiern.

HOTELS/ANDERE UNTERKÜNFTE
Quinta do Caracol

····> S. 49, westl. a 4

Das Gemäuer des »Schneckenhofs« stammt aus dem 17. Jh, jedes Zimmer ist wunderschön dekoriert und der Garten mit Pool und Orangerie ein Paradies. Sra. Margarida hat die traditionsreiche Oase vom Vater übernommen und versteht es wie er, die

Traditionsreiche Oase: Die wunderschöne Quinta do Caracol (Schneckenhof) versteht es, ihre Gäste zu verwöhnen.

Sotavento – Faro bis Rio Guadiana

Gäste zu verwöhnen. Tennis und Reiten sind möglich.
Rua de São Pedro 9 (N 125 von Westen kommend 1. Abfahrt);
Tel. 2 81/32 24 75, Fax 32 31 75;
www.quintadocaracol.pa-net.pt;
7 Zimmer ●●● CREDIT

Vila Galé Albacora
⋯⋯> S. 49, östl. c 3
Inmitten des Naturparks Ria Formosa ist dieses Feriendorf gelegen. Aus Fischerhäusern wurden Gästezimmer mit Infrastruktur: Bäderlandschaft, Restaurants, Kindergarten, eigenes Boot zur Badeinsel, 15-minütiger Pendeltransfer in die Stadt.
Quatro Águas; Tel. 2 81/38 08 00;
www.vilagale.pt; 157 Zimmer ●●● CREDIT

Marés
⋯⋯> S. 49, c 3
Modernes, kleines Hotel am rechten Ufer des Gilão. Sogar mit Sauna. Restaurant mit guter Regionalküche.
Rua José Pires Padinha 134–140;
Tel. 2 81/32 58 15, Fax 32 58 19;
24 Zimmer ●● CREDIT

Quinta da Lua
⋯⋯> S. 120, A 11
Schön gestaltetes Bauernhaus in ländlicher Umgebung. »Turismo rural« mit Pool.

Der Blick auf Details lohnt auch bei der Kirche Santa Maria do Castelo in Tavira.

Bernadinheiro/Sto. Estevão (3 km nordwestl. von Tavira); Tel./Fax 2 81/96 10 70; 9 Zimmer ●●

Residencial Horizonte Mar
⋯⋯> S. 49, c 2
Am östlichen Ausgang von Tavira. Kleines, sauberes Hotel.
Rua Almirante Cândido dos Reis;
Tel. 2 81/32 30 35/7; 20 Zimmer ●●

Residencial Mirante
⋯⋯> S. 49, b 3
Herausragendes Haus inmitten der Altstadt: Vom Turm des stuckverzierten Hauses haben Sie *den* Überblick. Schlicht und sauber.
Rua da Liberdade, 4; Tel. 2 81/32 22 55;
10 Zimmer ●●

Residencial Princesa do Gilão
⋯⋯> S. 49, c 2
Direkt an der östlichen Uferpromenade mit Blick aufs Castelo findet man das kleine Hotel. Sauber und modern.
Rua Borda d'Água de Aguiar, 10;
Tel. 2 81/32 51 71; 24 Zimmer ●●

Spaziergang
⋯⋯> S. 49
Parken Sie an der Praça da República, dann sind Sie schon mitten in Tavira, der schönsten Stadt der Algarve mit ihren vielen Kirchen, eindrucksvollen Bauwerken und alten Stadtvierteln. Gehen Sie gleich etwa 100 m bergauf durchs Stadttor **Porta de Dom Manuel**, dort hat die **Igreja da Misericórdia** (1541) vielleicht sogar die Türen für Sie geöffnet. Ein Blick auf das Renaissanceportal und ins reich verzierte Innere lohnt sich! Weiter links sehen Sie schon das über allem thronende **Castelo dos Mouros**: Im Innern der Burggarten, schön angelegt und aromatisch nach Kräutern und Blüten duftend. Die Portugiesen, die 1242 die Stadt von den Mauren eroberten, zerstörten die Burg und bauten sie unter König Dinis I. neu auf. Das Erdbeben von 1755 machte die Burg jedoch wieder zur Ruine. Sind Sie schwindelfrei? Dann sollten

Tavira

Blick in den Spiegel: Leben auf den Straßen Taviras aus der Perspektive der mittelalterlichen Câmara Obscura.

Sie die Burgmauer emporsteigen, von dort aus haben Sie Fernsicht über Taviras Tesouro-Dächer. Die **Igreja de Santa Maria do Castelo** aus dem 13. Jh. steht auf den Fundamenten einer Moschee – die Kirche gotisch, der Turm mit arabischen Elementen. Am Rande, aber trotzdem strahlend schön, wartet die **Igreja do Santiago** mit vielen Kuppeln und Anbauten, ganz in weiß mit gelben Linien. Unterhalb, südwestlich, liegt das alte Maurenviertel Taviras. Kleine, weiße Häuschen mit Innenhöfen und gitterverzierten Türen. Auf dem Burghügel wird häufig etwas restauriert, daher ist der Weg zum **Rio Gilão** unterschiedlich. Gehen Sie einfach in Richtung Fluss. Am Gedenkstein zur Befreiung der Stadt durch die Portugiesen überqueren Sie die **Ponte Romana**, die römische Brücke. Gehen Sie links die Rua 55 de Outubro entlang, bis Sie an einen hübschen Platz kommen, die **Praça Dr. Padinha**. Hier wurde ein winziger botanischer Garten angelegt. Die **Igreja Parroquial de São Paulo** gestattet einen Einblick genauso wie die klitzekleine Kunsthandwerk-Metallwerkstatt etwas weiter rechts. In den engen Gassen halten Sie sich rechts, zurück zum **Gilão**. Auf der Westseite angelangt, sehen Sie den **Mercado da Ribeira** mit seinen gut renovierten Markthallen. Auf der Uferpromenade, am schmiedeeisernen Musikpavillon vorbei, orientieren Sie sich nun wieder am Burghügel, bis Sie am Platz der Republik ankommen. Dort, in einem der zahlreichen Cafés, finden Sie sicher unter Bäumen einen Platz für ein erfrischendes Getränk.
Dauer: 90 Min.

Sehenswertes

Câmara Obscura ⟶ S. 49, a 2
Der ehemalige Wasserturm der Stadt beherbergt seit Herbst 2004 die Câmara Obscura da Tavira. Eigentlich sollte der alte Wasserspeicher abgerissen werden, doch es fand sich ein privater Investor. Der Turm liegt auf dem Hügel oberhalb der Igreja de Santa Maria und des Castelo; am Fuße befinden sich ein Café und der Eingang mit Ticketkasse. Per Fahrstuhl geht's nach oben zur mittelalterlichen Lochkamera. Wundersames geschieht: Aus dem Dunkel des Turms, auf einer Scheibe, können Sie

MERIAN-Tipp

Santa Luzia

Der Name klingt wie eine Schnulze, passt aber zu diesem kleinen Fischerort an der Lagune. Unter Palmen werden Netze geflickt und Boote bepinselt – eine vergessene Welt. An der Esplanade warten zahlreiche Restaurants, man sollte aber wählerisch sein. Ergattern Sie sich einen der Tische auf der Dachterrasse des Canto Azul (Tel. 2 81/38 13 91 ●● CREDIT). Tipps: etwas teurer, das Capelo. In der 2. Reihe: Alcatruz.

3 km südwestl. von Tavira

⤑ S. 120, A 11

»live« den Trubel der Stadt verfolgen! In der Hauptsaison findet jede halbe Stunde eine Führung statt.
Antigo Depósito de Água do Alto de Santa Maria; Calçada da Galeria 12; Tel. 2 81/32 17 54

Igreja de Nossa Sra. do Carmo
⤑ S. 49, C 1

Auf der »anderen« Seite des Flusses Gilão steht eine prächtige Kirche, Teil eines Karmeliterklosters, erbaut 1747. Im Innern strahlen üppig-goldene Segmente der Rokokozeit um die Wette. Ungewöhnlich: der Grundriss eines lateinischen Kreuzes. Beachten Sie auch die reiche Deckenmalerei!
Rua 1 Decembro/Largo do Carmo; Mo–Mi 15.45–16.30 Uhr

Quatros Águas/Ria Formosa
⤑ S. 120, A 11

Täglich, gegen 15 Uhr, startet von Sta. Luzia eines von fünf blau-gelben Safari-Booten. Von Bord aus können Sie die prächtige Vogelwelt des **Naturschutzgebiets** beobachten. Kamera und Fernglas lohnen die Mitnahme. Zur einstündigen Pause legt das Schiff in Cabanas, einem Fischerdorf, an. Dort können Sie baden. Um 18 Uhr schippern Sie wieder zurück, unterwegs gibt es Animation mit Piraten und Papageien, dazu Sekt und Feigen gratis. Essen in einem typisch portugiesischen Restaurant nach Vereinbarung. Anmeldung obligatorisch, da erst ab zehn Personen abgelegt wird!
Santa Luzia, Hafen (N 515, ca. 2 km ab Tavira); Preis ohne Essen: 15 €; Reservierung: 91/7 28 63 82, nach Sven fragen!

MUSEUM UND GALERIE
Palacio da Galería
⤑ S. 49, a 3

Große Kunst im Burgviertel: Sogar Bilder von Dalí, Man Ray und Max Ernst wurden hier ausgestellt. Auch das Gebäude ist sehenswert.
Rua da Galería 17; Di–Sa 10–12.30 und 16–19.30 Uhr, Eintritt 2 €

Die römische Brücke hat das große Erdbeben von 1755 unbeschadet überstanden.

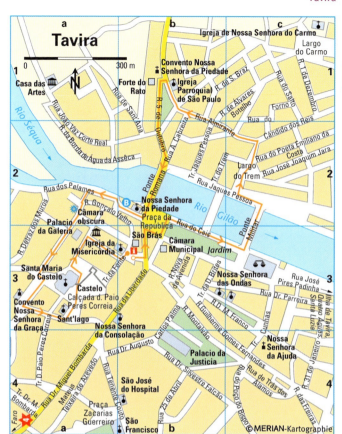

Essen und Trinken

Baira Rio ···▷ S. 49, b 2
Dinieren am Ufer des Gilão.
Rua da Borda de Água da Assêca 48;
Tel. 2 81/32 31 65; tgl. 19–22.30 Uhr
●● CREDIT

O Caneção ···▷ S. 49, c 3
Hier gibt es bestes Tunfischsteak.
Rua Dr. Parreira 135; Tel. 2 81/32 62 78
●●

Impérial ···▷ S. 49, c 3
Sehr portugiesisch und seit 50 Jahren hervorragend: Sea-Food-Reis.
Rua José Pires Padinha 22 (an der Uferpromenade); Tel. 2 81/32 23 06;
12–23 Uhr; Mi geschl. ● CREDIT

Einkaufen

Bazar Tanger ···▷ S. 49, c 3
Kunstgewerbe, Korbwaren, bunte Mode und hübscher Schmuck aus Portugal und Afrika.
Rechts von der Markthalle, Rua José Pires Padinha 34–36

Mercado da Ribeira ···▷ S. 49, c 3
Die alten Markthallen wurden umfangreich restauriert und mit Bou-

tiquen, Cafés sowie einem Restaurant versehen. Ideal für laue Nächte.
Rua José Pires Padinha

SERVICE
Auskunft
Touristenbüro ---> S. 49, b 3
Rua da Galeria 9; Tel. 2 81/32 25 11

Busbahnhof ---> S. 49, b 2
Im Baustil eines Luxushotels errichtet, am Fluss gelegen.
Rua dos Pelames; Tel. 2 81/32 25 46

Comboio turístico ---> S. 49, b 3
Zwischen 10 Uhr morgens bis Mitternacht schnauft die kleine Bimmelbahn durch die Stadt.
Abfahrt vorm Rathaus, Praça da República; 4 €/Person; Dauer ca. 50 Min.

Internet-Café ---> S. 49, b 3
Hochmodernes für Internetwütige: Der öffentlich geförderte »Espaço Internet« darf gratis benutzt werden.
Edifício da Câmara Municipal; Praça da República; Mo–Fr 9–21, Sa 10–20 Uhr

Post ---> S. 49, a 3
Rua da Liberdade; Mo–Sa 8.30–18 Uhr

Vila campina: Der maurische Einfluss der Architektur ist unübersehbar.

Ziele in der Umgebung
Cacela Velha ---> S. 120, B 11

Nur 50 Seelen wohnen hier am östlichen Ausläufer der Ria Formosa. Eine geheimnisvolle Stimmung herrscht an diesem Ort – still und beschützt von einer Festung aus dem 12. Jh. Im einstigen Adlerhorst gefürchteter Piraten hat sich heute die Polizei einquartiert; eine Besichtigung des Forts ist nicht möglich. Das einfache Restaurant neben der Kirche serviert die besten Austern der Gegend, frischer Fisch wird gegenüber der Kapelle angeboten.

Wer zum Baden rüber auf die Sandbank möchte, wartet auf Ebbe oder einen netten Fischer. Kurz vor Cacela Velha geht es rechter Hand nach Fábrica – hier lädt O Costa (Tel. 2 81/95 14 67; tgl. geöffnet •• CREDIT) zu sehr feinen Fischspeisen in sein romantisches Restaurant direkt am Strand ein.
10 km östl. von Tavira

Castro Marim ---> S. 120, C 10
6600 Einwohner

Die gewaltigen Mauern zweier Kastelle überragen den kleinen Grenzort und schauen über den Rio Guadiana nach Andalusien. Wenn man dort oben steht, glitzern unten Salzgärten und das weite Vogelschutzgebiet der **Reserva Natural do Sapal de Castro Marim**. Es umfasst ein Feuchtgebiet von über 2000 ha und ist Heimat für viele seltene Vogelarten, darunter Basstölpel, Reiher und Störche. Beste Besuchszeit für Vogelbeobachter ist der Oktober. Innerhalb der Burgmauern steht das Kirchlein **Igreja de Santiago** (18. Jh.).

Einmal im Jahr, zur Bartolomeu-Feira Ende August, fühlt man sich in vergangene Zeiten versetzt. Sänger und Zauberer bieten dann, im Rahmen einer mittelalterlichen Handwerks-

messe, ihre Künste während eines zünftigen Burgessens dar.
20 km östl. von Tavira

Luz de Tavira ---> S. 120, A 11

800 Einwohner

Die **Pfarrkirche** des Dorfes hat ein außergewöhnlich schönes manuelinisches Portal und »azulejos« mit spanischen und arabischen Einflüssen. In **Balsa**, kurz vor Luz, sind die Ruinen einer Römersiedlung zu sehen. **Estiramantens**, ein typisches Algarvedorf, lädt ins Museumshaus Monte da Guerreira.
6 km westl. von Tavira

Manta Rota ---> S. 120, B 11

Von der N 125 ausgeschildert geht es zum 10 km langen Strand hinter Dünen, die ein wenig an nordfriesische Inseln erinnern. Das Wasser soll hier wärmer als anderswo sein. Aufgrund seiner Lage im Windschatten ist Manta Rota gut für den Urlaub mit Kindern geeignet. Ein schöner Spielplatz ist vorhanden. Das Dorf selber wirkt sehr portugiesisch.
11 km östl. von Tavira

Monte Gordo

3500 Einwohner ---> S. 120, B 11

Monte Gordo ist der letzte Urlaubsort der Algarve vor der spanischen Grenze. Ein herrlich feiner, kilometerlanger Strand, durch Pinienhaine geschützt, wird hauptsächlich von Portugiesen favorisiert. Der Ort selbst wartet nur mit wenigen Glanzlichtern auf, trotzdem ist in Sommernächten viel los. Neben vielen Hotelkomplexen gibt es ein Spielkasino und einen idealen Strand für Kinder, **Praia do Alemão**, auch beliebter Strand der deutschen Urlauber.
16 km östl. von Tavira

MERIAN-Tipp
6 Vilacampina

Etwas im Hinterland und doch nur 4 km vom Meer entfernt liegt das neu erbaute, großzügige Designhotel im maurischen Stil. Umgeben von Orangenplantagen, haben Sie von der Loggia einen herrlichen Ausblick in die Berge. Sofia bereitet das beste Frühstück Portugals mit frischen Paradiesfrüchten. Im schön angelegten Garten mit Pool können Sie nach Lust und Laune ausspannen. Abends, im behaglichen Ambiente der schön eingerichteten Villa, können Sie mit der weltgewandten Gastgeberin bei einem Gläschen Wein plaudern.

Sítio da Campina; Luz de Tavira;
Tel. 2 81/96 12 42; www.vilacampina.pt;
10 Zimmer ●●●● CREDIT ---> S. 119, F 7

Vila Real de Santo António ---> S. 120, C 11

14 000 Einwohner

Die Straßen im Grenzort zu Spanien sind streng geometrisch angeordnet. Nur wenige Jahre nach dem großen Erdbeben von 1755 zeichnete Marquês de Pombal, der große portugiesische Städteplaner, nach Lissaboner Vorbild den Entwurf für den Wiederaufbau der Stadt. Früher stellte die Stadt am Rio Guadiana den einzigen Grenzposten im Süden dar, vom spanischen Ayamonte per Fähre erreichbar. Vom Hafen aus kann man noch heute reizvolle Bootsausflüge flussaufwärts unternehmen. Touristische Attraktionen gibt es wenige, für einen Kurzbesuch lohnt ein kleiner Spaziergang durchs historische Zentrum oder ein Nachmittag beim (unblutigen) portugiesischen Stierkampf. Entspannende Bootstour durch Naturschutzgebiete (→ Routen und Touren, S. 90).
22 km östl. von Tavira

Arabien in Portugal

Orientalisches Flair aus Tausendundeiner Nacht haftet heute noch dem Küstenstreifen an.

Es war einmal ein maurischer Prinz, der heiratete eine Prinzessin aus dem Norden. Sie bezogen zusammen einen prunkvollen Palast im sonnigen Süden des Reiches, genannt Al-Gharb. Schon bald nach der Hochzeit bekam die Braut Sehnsucht nach ihrer Heimat und dem dortigen Winter. Sie wurde sehr krank, auch Ärzte konnten nicht helfen. Eines Morgens im Frühjahr brachte der Prinz seine Gemahlin ans Fenster und zeigte ihr ein Meer von Mandelblüten, das sich wie eine verschneite Landschaft vorm Palast ausdehnte. Sofort wich die tiefe Traurigkeit der Prinzessin – und wenn sie nicht gestorben sind …

Al-Gharb – das Land im Westen, diesen Namen gaben die arabischen Eroberer ihrer südwestlichsten Provinz, der heutigen Algarve. In der zwischen 714 und 1239 n. Chr. mehr als 500 Jahre andauernden Maurenherrschaft wurden Kunst und Kultur gepflegt, hochmoderne Medizin betrieben und agrarkulturell Meilensteine gesetzt. Dieser Einfluss ist bis heute zu spüren. Wenn Sie im Februar anreisen und inmitten der wundervollsten Mandelblüte spazieren gehen können, ist das den Arabern zu verdanken. Sie kultivierten paradiesische Pflanzen an der Algarve: **Zitronen-, Feigen- und Granatapfelbäume**, dank traditioneller Bewässerungsmethoden aus dem wasserarmen Orient gedeihen auch **Süßkartoffeln, Erdnüsse und Reis** prächtig. Einige der hilfreichen Wasserräder und Tiefbrunnen sind noch heute in Betrieb.

Arabisches Kulturgut im Alltag

Xelb, so nannten die Araber ihre Hauptstadt im Südwesten der Iberischen Halbinsel. Das florierende Handelszentrum war von mächtigen Burgmauern umgrenzt, der Hafen im Tal größter Warenumschlagplatz des Südens. Selbst vom andalusischen Córdoba blickte man neidvoll auf die Stadt, die heute Silves heißt. Menschen unterschiedlichster Kulturen lebten in friedlicher Eintracht nebeneinander und frönten der schönen

MERIAN-Spezial

Künste. Es gab muslimische Dichter, jüdische Sänger, christliche Händler. Durch die »reconquista« wurden im 12. Jh. die arabischstämmigen Einwohner vertrieben. Mit diesem Feldzug endete die Blütezeit der Region. Der wichtigste Handelsweg, Rio Arade, versandete; die gut gehenden Geschäfte mit Nordafrika mussten aufgegeben werden. Moscheen wurden zerstört oder in Kirchen verwandelt.

Wenige an der Algarve verbliebene Mauren behalfen sich und ihrem Glauben mit einem Trick: Um ungesehen gen Mekka beten zu können, tarnte man kleine Minarette geschickt als Schornsteine. Der Glaube ging, die verzierten Kamine wurden Mode. Heute sieht man im portugiesischen Süden kaum ein Haus ohne die weiß getünchten und kunstvoll durchbrochenen »chaminés«. Im östlichen Teil der Algarve sind zusätzlich viele Gebäude mit ornamentalen Bordüren (»platibanda«) dekoriert. Dort könnte es vorkommen, dass Sie anstatt einer Adresse zu hören bekommen: »Der Bäcker? Dahinten, die Casa mit dem rot-blauen Kamin und der blauen Bordüre!«

»Al-zulayi«, der »kleine, bemalte Stein«, im heutigen Sprachgebrauch als »azulejo« (→ MERIAN-Tipp, S. 19) bekannt, schmückt Plätze und Kirchen der gesamten Iberischen Halbinsel – seit Mauren diese wunderschönen Fliesengemälde nach Al-Gharb brachten.

Die Vorliebe für arabisches Kulturgut ist in den Alltag übergegangen. Nach Gründung der Republik Portugal benannte man viele Orte um, nahezu jeder zehnte trägt das arabische »Al« in der Vorsilbe (**Al-bufeira; Al-góz; Al-jezur**). Konnten Sie in der »pasteleria« von **São Brás de Al-portel** dem süßen Duft der Nonnenbäuchlein (»barrigas de freiras«) nicht widerstehen? Kein Wunder, der Zauber von 1001 Nacht ist in ihnen und den »toucinho do céu« (Himmelsspeck) und »papos de anjo« (Engelsbäckchen) gleich mitgebacken worden. Die Rezepte basieren auf viel Zucker, Ei und Marzipan.

Um den großen Errungenschaften der arabischen Kultur zu huldigen, feiert man alle zwei Jahre in Cacela Velha die »festa da Moura encantada« – die »verzauberte Maurin« ist eine weitere maurische Legende.

Weitere Infos zum Thema Arabisches Kulturgut unter:
····→ www.discoverislamicart.org

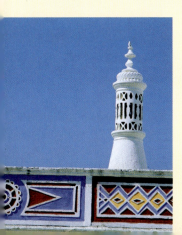

Maurisches Kulturgut wie »chaminés« und »azulejos« zieren viele Gebäude an der Algarve.

Barlavento – Albufeira bis Sagres

Goldener Sand, roter Fels und laue Nächte –
die Region ist Garant für einen schönen Urlaub.

Das andere Gesicht der Urlauberhochburg Albufeira: Seine Ursprünglichkeit hat sich der quirlige Ort am Hafen bewahrt, wo auch die Fischer nach wie vor ihren gewohnten Tätigkeiten nachgehen.

Barlavento – auf der Windseite der Algarve tobt zugleich das Leben. »Sunshine Coast« verkörpert bei den Touristen, die hauptsächlich aus Großbritannien, den Niederlanden und Deutschland anreisen, ein Portugal, wie es ansonsten kaum daherkommt. Ein Portugal der Superlative: Hier gibt es die bizarrsten Felsen, die schönsten und längsten Strände, zudem sicher für Kinder und Menschen, die ruhigeres Wasser mögen. Das bedeutet gleichsam: die meisten Hotels, die größten Partys und pulsierendes Leben. Der östliche Küstenabschnitt des Barlavento ist mit Sicherheit der quirligste.

naturdunklen einheimischen Charmeuren mit melancholischem Blick folgen hier lange und lau(t)e Nächte. Die hübsch gepflasterten Gassen der weißen Stadt, in denen tagsüber Althippies ihren selbst gemachten Schmuck anbieten, werden nachts als »the Strip« von vergnügungssüchtigen Urlaubern frequentiert.

Trotz des Rummels gibt es rund um Albufeira versteckte Felsenbuchten, lange, windsurftaugliche Strände und sogar einen geduldeten Nacktbadestrand. Und unten am Fischerhafen, wo immer noch Netze geflickt werden und die Boote landen, hat Albufeira noch sehr viel Flair.

Albufeira ⇢ S. 118, B 7
30 000 Einwohner
Stadtplan → S. 57

Die lebhafte Stadt, die noch in den Sechzigerjahren ein ruhiges Fischerdorf war, ist heute die Touristenhochburg der Algarve. Albufeira, auch »Sunshine-Capitol« genannt, kann auf eine lange Geschichte zurückblicken: Der Name Albufeira geht auf die Zeit der Maurenbesetzung zurück – Al-Buhera (Burg am Meer) war im 8. Jh. ein bedeutender Handelsplatz. Heute muss man sich schon in die Altstadt oder aufs Wasser begeben, um die Überbleibsel der Geschichte zu entdecken.

Vom Meer aus betrachtet, wächst die Stadt in Form eines Amphitheaters an den Hängen empor. Schlimme Bausünden sind verhindert worden, es gibt keine Hochhäuser. Allerdings auch keine wirklich alte Bausubstanz – das **Erdbeben von 1755** hat Albufeira dem Erdboden gleich gemacht. Wer als Pauschaltourist hierher kommt, interessiert sich in der Regel weniger für kulturhistorische Bauten als für Strand- und Nightlife. Und davon gibt es hier reichlich. Auf sonnige Strandtage zwischen knappen Bikinis, muskulösen Dandys und

Hotels/Andere Unterkünfte
Sheraton Algarve ⇢ S. 118, C 7
Auf den Klippen von Falésia, 10 km von Albufeira entfernt, ist dieses schöne Hotel wie ein großzügiger Landsitz gebaut. Innenhöfe, Fontänen, weite Terrassen und ein 9-Loch-Golfplatz.
Praia da Falésia; Tel. 2 89/50 01 00, Fax 50 19 50; www.pinecliffs.com/sheraton.htm; 269 Zimmer ●●●● CREDIT

Vila Joya ⇢ S. 118, A/B 7
Das luxuriöse und dabei sehr behagliche, im orientalischen Stil eingerichtete Hotel liegt 6 km westlich von Albufeira am Galé-Strand. In der Nähe befinden sich die feinsten Greens; Meeresblick garantiert. Im »besten Restaurant Portugals« kredenzt Koch Dieter Koschina ein unvergessliches Menü; regelmäßig wird er dafür vom Guide Michelin mit zwei Sternen dekoriert. Ein Muss für Kenner – die Vila Joya ist eines der »Leading Hotels of the World«. Beachten Sie auch die Spezialangebote.
Vila Joya Travel GmbH
Postfach 800 944, 81609 München; Tel. 0 89/6 49 33 37, Fax 6 49 26 36; Restaurant-Reservierung in Portugal: Tel. 2 89/58 18 39, Fax 59 12 01; www.vilajoya.com; 12 Zimmer, 5 Suiten ●●●● CREDIT

Barlavento – Albufeira bis Sagres

Das größte und turbulenteste Ferienzentrum an der Algarve. Hierher kommt man, um sich zu vergnügen.

Brisa Sol 🏨 ⤑ S. 57, östl. c 1
Hotelapartments, Stadt und Ozean überblickend, nahe dem Zentrum. Viele Sportmöglichkeiten und ein großer Außenpool. 2004 umfangreich renoviert. Die städtische Bimmelbahn hält direkt vor dem Entree.
Rua do Municipio 27; Tel. 2 89/58 94 18, Fax 58 82 54; 171 Apartments ●●● CREDIT

Falésia ⤑ S. 118, C 7
Großes 4-Sterne-Hotel im Pinienwald über dem Meer, 10 km von Albufeira. Innen- und Außenpool.
Pinhal do Concelho 785;
Tel. 2 89/50 12 37, Fax 50 12 70;
www.falesia.com; 112 Zimmer ●●● CREDIT

Sol e Mar ⤑ S. 57, b 3
Der älteste Hotelkomplex des Ortes ist im Stil der 1960er-Jahre gehalten, das Haus in den Fels eingefügt. Alle Zimmer verfügen über Balkone zum Meer hin, direkt am Stadtstrand Praia do Peneco gelegen.
Rua José Bernadino de Sousa;
Tel. 2 89/58 00 80, Fax 58 70 36;
74 Zimmer ●●● CREDIT

Spaziergang

Ein kleiner Spaziergang im autofreien Stadtkerns Albufeiras lohnt sich für eine kulturelle Zeitreise. Sie sollten gut zu Fuß sein, denn es gilt einige Treppen hochzukraxeln. Starten Sie am zentralen **Largo Engenheiro Duarte Pacheco**, auf dem nachts das Leben tobt. Sehenswert: der unter schattigen Bäumen liegende, mit »azulejos« verzierte Brunnen. Die Fliesen zeigen eine Stadtansicht des alten Albufeira mit seinen Kirchen. Folgen Sie zunächst dem Hinweis »turismo«. Kurz vor dem Durchgang zum Strand am südlichen Ende des Platzes geht es treppauf in den ältesten Teil Albufeiras, dem alten Burghügel **Cerro da Vila**. Wie in Tavira befinden sich die Ruinen des ehemaligen Maurischen Kastells, des **Castelo Mouro**, über der Stadt. Das Wahrzeichen Albufeiras, der **Torre do Relógio**, ist unübersehbar. Die Spitze des Uhrenturms ist filigran geschmiedet und an Feiertagen voll illuminiert, also bestens zur Orientierung geeignet. Gegenüber finden Sie das ehemalige Rathaus (**Antigos Paços do Concelho**), das in völlig neuem Putz nunmehr als städtisches **archäologisches Museum** dient. Ein Besuch empfiehlt sich, der Eintritt ist frei. Lassen Sie sich dort den Prospekt für einen historischen Spaziergang mitgeben. Rechts vom Museum befindet sich das älteste Gebäude der Stadt, die **Capela da Misericórdia**, die im gotischen Stil mit manuelinischem Portal um 1600 erbaut wurde.

Parallel zum Meer, an der **Rua da Bateria** steil treppab, gelangen Sie zum alten Fischmarkt, dem **Mercado da Pesca**. Davor liegt die **Praia dos Pescadores**. Dieser Strand mit den vielen bunt bemalten Holzbooten und den scheinbar ungestört netzflicken-

den Fischern ist eines der beliebtesten Fotomotive der Algarve. Von der östlichen Seite des Parkplatzes gelangen Sie zum besten Aussichtspunkt Albufeiras, dem **Miradouro do Patio**. Die vielen Stufen bergauf wechseln mit einem wunderschönen Panorama: die »weiße Schöne«, türkises Meer, dazwischen goldener Sand und unzählige Farbtupfer. Im Hintergrund thront, das Portal fahnengeschmückt, die **Igreja Matriz**, die »Mutterkirche« Albufeiras.
Dauer: 30 Min.

Sehenswertes
Chorino Grotte ····❯ S. 57, a 4
Ein wenig Klettergeschick benötigen Sie, wenn Sie entlang der Uferpromenade gen Westen bis zur Gruta de Chorino laufen. Dort wartet ein herrlicher Ausblick auf Stadt, Strände und bizarre Felsformationen. In der Grotte sollen die vertriebenen Mauren während der Rückeroberung der Stadt im 13. Jh. Zuflucht gesucht haben. Starten Sie die Tour am besten kurz vor der Ebbe.

Marina de Albufeira
····❯ S. 57, westl. a 4
Aus dem Nichts entstand 2005 der Sportboothafen an der westlichen Stadtgrenze. Er soll wohl als Lehrstück für die »Neue Portugiesische Architekturschule« stehen. Eingerahmt ist die 475 Yachten fassende, hochmoderne Marina von einer kun-

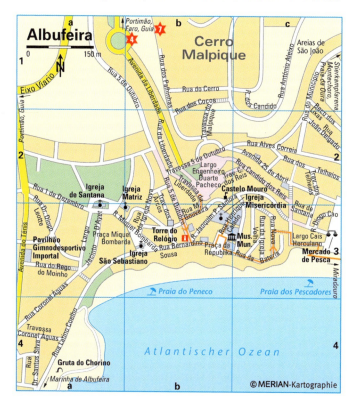

terbunten Luxussiedlung, der »Legoland« als Vorbild gedient haben könnte.
www.amarinadealbufeira.com

Stierkampf ⇢ S. 57, östl. c 1
Albufeiras Arena befindet sich rechts hinter der Montechoro-Kreuzung. Bei den »touradas«, den portugiesischen Stierkämpfen, werden die Tiere nicht getötet. Achten Sie bei Tageskämpfen unbedingt darauf, einen Sitzplatz im Schatten (»sombra«) zu erhalten. Dieser wird zwar teurer sein, doch die etwa drei Stunden dauernde »tourada« soll ja nicht nur der Stier gut überstehen. Kunstvoll gestaltete Plakate weisen auf die nächsten Kämpfe hin.

ESSEN UND TRINKEN

Castelo do Bispo ⇢ S. 57, westl. a 4
Ein Feinschmeckerrestaurant italienischer Prägung, das hausgemachte Spezialitäten vom Feinsten anbietet.
Estrada da Orada; Tel. 2 89/58 67 54
(abends Reservierung empfohlen);
tgl. mittags und abends •••• CREDIT

A Ruina ⇢ S. 57, c 3
Uriges Fischrestaurant mit Tradition. Das alte Gemäuer von 1813 liegt hinter der alten Fischhalle bei der Praia dos Pescadores und bietet 160 Plätze. Früher wurde hier Wasser für die Bürger Albufeiras ausgegeben.
Largo Cais Herculano; Tel. 2 89/51 20 94;
tgl. 12–15 und 19–23 Uhr ••• CREDIT

Anna's Restaurant 👨‍👩‍👧 ⇢ S. 57, c 3
In einem schmalen, alten Fischerhaus, sehr speziell und pittoresk, werden leckere Snacks und Mahlzeiten serviert. Extra Kinderspeisekarte!
Rua Nova 7 (neben Ricardo's);
Tel. 2 89/51 35 58; tgl. ab 18 Uhr
•• ▱

Bremen ⇢ S. 57, südöstl. c 2
Restaurant mit angeschlossener Pension (6 DZ, im Winter Spezialpreise ••). Das Haus liegt auf den Klippen links vom Fischerhafen; von der Dachterrasse hat man einen zauberhaften Ausblick. Deutsche und portugiesische Küche.
Rua Sacadura Cabral 21;
Tel. 2 89/51 56 59; tgl. Frühstück von 9–14, Abendessen 18–23 Uhr
Hotel: Tel. 2 89/58 78 01,
Fax 2 89/58 67 09 •• CREDIT

Cave do Vinho do Porto ⇢ S. 57, b 2
Portwein-Liebhabern sei dieses schöne, kühle Gemäuer in der Altstadt empfohlen. Saal und Terrasse für 120 Gäste, zeitweise Livemusik.
Rua da Liberdade 23; Tel. 2 89/58 91 44;
tgl. 11.30–24 Uhr •• CREDIT

Tasca do Viegas ⇢ S. 57, c 3
Café, Restaurant neben der alten Fischhalle. Köstlich frischer Fisch.
Rua Cais Herculano 2; Tel. 2 89/51 40 87;
tgl. außer So 8–2 Uhr •• ▱

Típico o Dias ⇢ S. 57, b 3
Ein schmales Fischrestaurant mit kleiner Terrasse, unter der das Meer funkelt. Sehr authentisch.
Praça Miguel Bombarda;
Tel. 2 89/51 52 46; Mi geschl. •• CREDIT

Lenita ⇢ S. 57, a 3
Einfaches Familienrestaurant, aber mit gutem portugiesischen Essen, bei dem das Preis-Leistungs-Verhältnis ausgewogen ist. Täglich werden zwei Menüs angeboten.
Rua Latino Coelho 14 (neben der Bizarro-Bar); Tel. 2 89/51 21 19 • ▱

EINKAUFEN

Bei Apumanke auf der rechten Treppe über dem Strandtunnel gibt es vorzüglichen Silberschmuck und Ferienklamotten. Dazu gehört auch ein Kindermodeladen. Abrakadabra in der Hauptstraße ist klassischer in der Mode, aber sehr fantasievoll in den Accessoires. Keramik nach Mustern aus dem 15. und 16. Jh. sieht man bei Infante Dom Henrique in der Rua Cândido dos Reis 30.

Albufeira – Almancil

Am Abend

El Divino Palácio De La Salsa
⇢ S. 57, östl. c 1
Tête-à-tête bei lateinamerikanischen Rhythmen und exklusiver Dekoration. Ein wahrer Salsa-Traum für Tänzer.
Praça de Touros, Areias de São João; Tel. 2 89/54 23 61

IRS Nachtclub ⇢ S. 57, östl. c 1
Vis-à-vis der Stierkampfarena heißt es sehen und gesehen werden.
Areias de São João, Praia da Oura

Kadoc ⇢ S. 57, östl. c 1
Portugals Disco-Superlative. Zahlreiche Tanzflächen und Bars, Tropical Nightclub und Champagnerbar unter Palmen. An der alten Straße zwischen Albufeira und Vilamoura.
Estrada Vilamoura; Tel. 2 89/36 04 85; tgl. 0.30–6 Uhr (Nachtschwärmerbus)

Kiss ⇢ S. 57, östl. c 1
Der wohl angesagteste Musik-Club der Stadt. Nacht für Nacht zieht das Kiss Tanzwütige aller Altersstufen mit Hits aus aller Welt aufs Parkett. Donnerstags: Männer-Striptease!
Rua Vasco da Gama, Areias de São João; Tel. 2 89/51 56 39; tgl. 24–6 Uhr; Eintritt 10 €

Liberto's ⇢ S. 57, östl. c 1
Hier trifft man auch Portugals Jetset und Sportstars die sich in der Bar-Disco mit Pool amüsieren.
Areias de São João, Praia da Oura

Service

Auskunft
Posto de Turismo ⇢ S. 57, b 3
Rua 5 de Outubro; Tel. 2 89/58 52 79; tgl. 9–19 Uhr

Medizinische Versorgung
⇢ S. 57, c 1
International Health Center Clioura, Av. Infante D. Henrique 7, Areias de São João; Tel. 2 89/58 70 00
(24-Std.-Bereitschaftsdienst; medizinisch und dental)

Mekka der Feinschmecker: Erstklassige Küche und ein stilvolles Ambiente zeichnen die Casa Velha in Almancil aus.

Post ⇢ S. 57, b 3
Avenida 5 de Outubro; Tel. 2 89/56 08 70; Mo–Fr 9–12.30 und 14–18 Uhr

Ziele in der Umgebung

Almancil ⇢ S. 119, D 7

7000 Einwohner

Almancil liegt zwar nicht direkt am Meer, trotzdem bietet sich der Ort als Stützpunkt für Urlauber an, die neben Strand- und Nightlife gut essen, shoppen und Kultur erleben wollen. In diesem eher nüchternen Städtchen gibt es reihenweise noble Einrichtungsgeschäfte, Antiquitätenläden, Restaurants, Clubs, Sportmöglichkeiten und Immobilienangebote. Ausgangspunkt zu den teuersten Ferienressorts und dem best sortierten »supermercado«, Apolónia.
20 km östl. von Albufeira

Barlavento – Albufeira bis Sagres

HOTELS/ANDERE UNTERKÜNFTE

Ria Park Garden Hotel
Am westlichen Ausläufer des Naturparks Ria Formosa und nur 30 Min. vom Flughafen entfernt liegt das Luxushotel, in dem zur EURO 2004 auch die deutsche Fußballnationalmannschaft zwischen den Spielen Erholung suchte. Umfangreiche Sportmöglichkeiten wie Golf, Tennis und Fußball. Packages beachten!
Vale do Lobo; Tel. 2 89/35 98 88;
www.riaparkhotels.com; 109 Zimmer
●●●/●●●● CREDIT

MERIAN-Tipp

7 Edler Wein von Sir Cliff

Einen edlen Wein aus der Algarve? Medaillen gekürt? Ja, das gibt es. Sir Cliff Richard, seit 40 Jahren an der Algarve ansässig und nebenberuflich Farmer, hat mit seinen Weinen neue Maßstäbe für die Region gesetzt. Sein Geheimrezept: kalkiger Boden und warme Seebrise, Handlese und letztlich eine besonders sanfte Press-Methode. In den vergangenen Jahren haben sich junge Winzer zunehmend der Pflege und Aufzucht der Algarve-Weine gewidmet, darunter auch der weltbekannte Sänger. Sein Vida Nova Tinto 2004 erhielt im März 2005 die Bronzemedaille, und das ist erst der Anfang. Zusammen mit Partner Nigel Birch werden 27 ha Weinland bewirtschaftet, 18 000 Flaschen Wein kommen dabei jährlich heraus. Übrigens kostet selbst der feinste Reserva nicht die Welt: In der Adega können Sie nach Besichtigung die Weinprobe aufs Exempel machen, mit 15 € sind Sie für die signierte 0,75 l-Flasche dabei.
Adega do Cantor, Quinta do Miradouro, Guia;
Reservierung: Tel. 96/87 69 71;
www.winesvidanova.com; Mo–Fr
10–13 und 14–17 Uhr ···> S. 118, B 7

ESSEN UND TRINKEN

Almancil gilt als Mekka der Feinschmecker. Hochklassiges ist meist nicht gerade billig, doch der Kenner zahlt hier gern.

Casa Velha
Der erste wirkliche Esstempel an der Algarve; bis heute unverändert gut. Stilvolles Ambiente.
Quinta do Lago; Tel. 2 89/39 49 83; tgl. außer So abends geöffnet ●●●● CREDIT

Pequeno Mundo
»Kleine Welt« bedeutet der Name, und das charmant eingerichtete Restaurant ist wirklich eine kleine Welt für sich. Internationale Gerichte, sehr persönlich zubereitet. Probieren Sie doch einmal das Hühnchen mit Vanille! Gute Weine und ein hervorragender Service.
Perreiras-Almancil; Tel. 2 89/39 98 66;
tgl. außer So 19.30–22 Uhr, abends reservieren ●●●● CREDIT

Aux Bons Enfants
Französische Küche in einem kleinen Palais aus dem 17. Jh.; auf dem Weg von Almancil nach Quinta do Lago.
Rua Sacadura Cabral; Tel. 2 89/39 68 40;
tgl. außer So 19.30–22 Uhr ●●●

Bistro Couleur France
Neben der Post gelegenes französisches Bistro mit preiswerten Mittagsmenüs. Wirt Didier kredenzt ausgesuchte französische und portugiesische Weine.
Rua da Republica 15; Tel. 2 89/39 95 15;
tgl. 12–15 und 19–23 Uhr ●●●

Bentleys Bar & Bistro ♟♟
Im ehemaligen »Teapot« ist »English Breakfast« angesagt, sonntags sogar der traditionelle »Roast Sunday-Lunch«. Man serviert frühes Abendessen für Kinder, im Sommer auch draußen auf der Terrasse.
Av. Duarte Pacheco 105;
Tel. 2 89/39 36 25; tgl. außer Mo
●/●●

O Cantinho de Italia
Hier isst man original italienisch – auch vegetarisch. Preiswert!
Centro Comercial Coza, Rua 5 de Outubro; Tel. 2 89/39 56 79; Mo–Fr 12–15 und 19–23 Uhr, Sa nur abends, So geschl. ●/●● ▭

Einkaufen
Griffin's Bookshop
In Almancils Hauptstraße befindet sich die Buchhandlung Griffin, die neben einem modernen Antiquariat auch deutsche Bücher im Sortiment hat.
Rua 5 de Outubro 206 a;
Tel. 2 89/39 39 04

Les Gourmets
Delikatessen, asiatische Produkte, Tee, Kaffee.
Centro Comercial Tradicional, Estrada da Fonte Santa

Quinta Shopping
Kleines, luxuriöses Einkaufscenter im Stil einer Herrschafts-»Quinta« mit eleganten Läden, Cafeterias und teuren Restaurants.
Quinta do Lago

Sport
Pinetrees Reitcenter
Wer an Reitunterricht interessiert ist, dem steht hier unter anderem der Stall des Pinetrees Reitcenter an der Straße zwischen Quinta do Lago und Vale do Lobo zur Verfügung. Auch Therapiereiten für behinderte Kinder. Wenden Sie sich bei Interesse an Beverley Gibbons.
Estrada do Anção; Tel. 2 89/39 43 69

Armação de Pêra
4500 Einwohner ⤳ S. 118, A 7

Trotz vieler Hochhäuser hat das Seebad von einst sein Flair behalten – wenn Sie außerhalb der Hochsaison hierher kommen. Dann kehrt Ruhe ein an einem der attraktivsten Strände der Algarve. Der etwa 3 km lange und or-

Vom internationalen Popstar zum prämierten Winzer: Sir Cliff Richard, der in der Nähe von Guia erfolgreich das Weingut Adega do Cantor betreibt.

dentlich breite Sandstreifen, von Klippen unterbrochen und von Dünen begrenzt, geht sehr flach ins Wasser und wird deshalb gern von Familien mit Kindern besucht. Auch bei Portugiesen ist Armação beliebt. Die paar verbliebenen Fischer sind freundlich. Es gibt eine ganze Reihe guter und günstiger Fischrestaurants in den hinteren Gassen. Sehenswert: die von Fischern zur Erinnerung an die »Erscheinung der Maria« errichtete **Nossa Senhora da Rocha** und ein am Strand befindliches **Fort** aus dem 17. Jh. zum Schutze der örtlichen Fischer vor Piraten. Innerhalb der Mauern liegt die dem heiligen Antonius geweihte Kapelle.
8 km westl. von Albufeira

Hotels/Andere Unterkünfte
Casa Sofia
Jüngst renovierte, familiär geführte Pension mit Garten inmitten der Alt-

Barlavento – Albufeira bis Sagres

stadt, nur einen Katzensprung vom Bunte-Boote-Strand entfernt. Gemütliche, individuell eingerichtete Zimmer.
Rua Vasco da Gama; Tel. 2 82/31 24 78, Fax 31 56 85; 11 Zimmer ●● ▱

ESSEN UND TRINKEN
Evaristo
Honeymooners aufgepasst, Geheimtipp! Unwegsam die Strecke zwar, doch das Ziel ein sinnliches Vergnügen. Evaristo ist ein gläsernes Konstrukt, eingepasst in rote Erde, grünes Gras, türkises Meer und feurigen Sonnenuntergang. Hier wird so mancher Traum eines romantischen Dinners wahr. Zwischen Albufeira und Praia da Galé, nicht ganz einfach zu finden. Achten Sie auf Schilder und das weiße Tor!
Praia do Evaristo; Tel. 2 89/59 16 66; tgl. 13–17 und 20– open end., Di–So 18.30–23 Uhr ●●● CREDIT

Raj at Garbe 🍽️
Eine reichhaltige Auswahl an Originalgerichten des indischen Subkontinents erwartet Sie bei Raj. Die gute Küche, mild gewürzt für Kinder, ein großzügiges Interieur und dazu ein fantastischer Blick aufs Meer machten dieses Restaurant überregional bekannt.
Im Hotel Garbe; Tel. 2 82/32 02 60, Fax 31 51 87; www.rajatgarbe.com; Di–So 18.30–23 Uhr ●●● CREDIT

Guia ⟶ S. 118, B 7
500 Einwohner

Die »Hähnchen-Hauptstadt« Portugals. Vielleicht liegt es an der guten Zucht – »frango piri piri« schmecken am leckersten in Guia. Insider gehen zu O Teodósio an der N 125. Wie im Hühnerstall geht es zu im berühmten Ramirez (Rua 25 Abril; 3 Etagen, 300 Plätze). Aber Gockel sind freilich nicht alles, was diese schnell und trotzdem behutsam gewachsene Ortschaft aufzuweisen hat. Verschiedene Kirchen laden zur Besichtigung ein, Vergnügungsparks locken die Kleinen; außerdem liegt hier das Weingut des Anglo-Algarvios Sir Cliff Richard (→ MERIAN-Tipp, S. 60).
5 km nordwestl. von Albufeira

ESSEN UND TRINKEN
O Leme
Etwas außerhalb gelegenes Fischrestaurant. Regionale Spezialitäten wie »sopa da pedra« (Steinsuppe) oder »lulas recheadas« (gefüllte Tintenfische). Bester Service, faire Preise.

Im Centro Cultural São Lourenço finden zahlreiche Ausstellungen, Jazz- und Kammerkonzerte statt.

Rua F. Pessoa 60 a, Páteo;
Tel. 2 89/51 20 43; ca. 2,5 km nördlich,
an der N 125 Kreuzung Albufeira–Algoz
●● ⬚

Einkaufen

Die Geografie zwischen Touristenmagnet Albufeira und der N 125, Hauptstraße der Algarve, haben Städteplaner genutzt, um hier das größte Einkaufszentrum der Region zu errichten. **Algarve Shopping**, ein wahrer Palast der Kaufgelüste, wird regelmäßig von Hotelshuttles aus Albufeira angesteuert. 133 Boutiquen, 30 Restaurants, drei Technik-Kaufhäuser, neun Kinos und sogar eine Bowlinghalle warten auf Besucher.
Guia, an der N 125; tgl. 10–24 Uhr, Hotelshuttles und Parken gratis

Quarteira ⇢ S. 118, C 7

9000 Einwohner

Auch hier ist vom ehemaligen Mekka des Thunfischfangs kaum noch etwas zu verspüren. Der Hotelboom der letzten Jahrzehnte hat in dieser Gegend seine Krönung erlebt. Quarteira, ein beliebtes Urlaubsziel auch für viele englische Touristen mit Vorliebe für lange Nächte. Vorteil: eine reichhaltige Auswahl an Restaurants und Bars. Gut chinesisch isst man im Chinatown, Rua Vasco da Gama.

Der für diesen Küstenabschnitt typische flache Sandstrand ist einer der schönsten und saubersten der Algarve und damit prädestiniert für Familien mit Kindern.

Ein Spaziergang durch den historischen Ortskern lohnt sich allemal. Regionaltypische Häuser, weiß gekalkt mit bunt verzierten Schornsteinen, und die schöne **Kirche** aus dem 17. Jh. lassen die Vergangenheit wach werden. Ein weiteres Highlight ist der **alte Hafen**; beim Verkauf des frischen Fischs (mittwochs) herrscht dort besonders reges Treiben.
14 km östl. von Albufeira

Hotels/Andere Unterkünfte
Pinhal do Sol 🏌️

Familiäres, kleines Hotel am Rande eines Naturschutzgebietes etwas außerhalb Quarteiras. Zufriedene Gäste kommen stets zurück, daher rechtzeitig reservieren. Tennis, Kinderspielplatz und Pool. Bei Onlinebuchung besondere Angebote auch für Golfspieler.
Semino/Quarteira; Tel. 2 89/30 28 34,
Fax 30 28 37; Onlinebuchung über
www.hotels.de/D_27872.php;
56 Zimmer ●●● CREDIT

São Lourenço ⇢ S. 119, D 7

Kurz hinter Almancil liegt auf einem Hügel die **Igreja São Lourenço dos Matos**. Die eher unauffällige Kapelle wurde zwar schon 1518 erwähnt, ihre unfassbare Pracht – der Innenraum ist komplett mit blau-weißen »azulejos« verziert – erhielt sie aber erst 1730. Kunstmaler António Oliveira Bernades sorgte damals mit seiner Arbeit für eines der Wunder Portugals. Über die Herkunft der Fliesen allerdings scheiden sich die Geister: Vermutlich stammen sie aus Holland.
22 km westl. von Albufeira

Museum und Galerie
Centro Cultural São Lourenço

Vis-à-vis der Kirche ist das 1981 vom deutsch-französischen Ehepaar Huber gegründete CCSL (Kulturzentrum für musisch Begeisterte) ansässig. Mme. Huber ist nunmehr alleinige Veranstalterin diverser Events wie Ausstellungen, Jazz- und Kammerkonzerte. Die Exponate stammen zur Hälfte von portugiesischen Künstlern (Manuel Baptista, João Cutileiro, José de Guimarães), der Rest aus aller Welt (Günter Grass, A. R. Penck, Shintaro Nakaoka, Susan Norrie).
Sítio da Igreja-Ap. 3079;
Tel. 2 89/39 54 75;
www.centroculturalsaolourenco.com;
10–19 Uhr, Mo geschl., Eintritt frei

Dieser grandiose Blick auf die bizarren Felsformationen bietet sich Besuchern von der Aussichtsterrasse am westlichen Ende der Praia da Rocha.

Vilamoura ⇢ S. 118, C 7

Wassersportfreunden dürfte der Name Vilamoura ein Begriff sein – mit immerhin 1300 Liegeplätzen befindet sich hier der größte Yachthafen Portugals. In diesem Ort der feineren Art (Kosename »Saint-Tropez von Portugal«) dreht sich alles um Sport – Vilamoura ist gegenwärtig eines der größten Freizeitzentren Europas. Golfplätze, Tennis, Reiten, Tontaubenschießen, Angeln, ein Casino und ein Flugplatz sind nur einige der Angebote des Tourismuskomplexes.

Doch es gibt auch ein altes Zentrum der »Maurischen Stadt«. Dort werden Sie wieder daran erinnert, dass Sie sich in Portugal aufhalten. Am **Cerro da Vila** kann man sich sogar davon überzeugen, dass vor den Mauren auch die Römer hier ansässig waren. Eine alte Villa wurde ausgegraben, die Fundstücke sind im **Museu e Estação Arqueológica** (tgl. 9.30–12.30 und 14–18 Uhr) zu besichtigen.

Kurzbesuchern sei der Abendbummel über die Flaniermeile und am Yachthafen empfohlen. Parken Sie am besten beim Casino!
12 km östl. von Albufeira

HOTELS/ANDERE UNTERKÜNFTE
Estalagem da Cegonha
Vollkommen unberührt und umrahmt von Bougainvilleen liegt das Herrenhaus aus dem 16. Jh. inmitten Vilamouras. Man sagt, dass der Nationaldichter Camões sich in den Gemäuern des »Storchenhofs« zu großen Werken inspirieren ließ. Ein Hotel der ganz besonderen Klasse.
Centro Hípico de Vilamoura/Quarteira; Tel. 2 89/30 25 77, Fax 32 26 75; www.portugalvirtual.pt/_lodging/algarve/cegonha; 7 Zimmer ●●● CREDIT

ESSEN UND TRINKEN
Pier One
Jetset-Nixen und Kapitänen von Welt muss das 1997 gegründete, nautisch gestylte Club-Restaurant ins Auge stechen, der Name ist gleichzeitig Ortsbeschreibung. Mehrfach preisgekrönt das Essen, der Komfort unschlagbar. Sogar MTV feierte hier schon öffentlich.

Cais da EsperançaClube Náutico, Marina de Vilamoura; Tel. 2 89/32 27 34, Fax 38 00 43; www.pierone.restaunet.pt; tgl. 10–2 Uhr ●●●● CREDIT

Portimão/Praia da Rocha

45 000 Einwohner ···⋗ S. 117, F 3
Stadtplan → S. 67

Portus Magnus nannten die Römer die bereits vor Ihrer Ankunft existierende Siedlung, die heute nach Faro zweitgrößte Stadt der Algarve ist. Man lebt hier vom Fischfang – nach Olhão liegt in Portimãos Hafen die größte Flotte der Algarve – und vom Handel. Und das ist es, was man hier gut kann: einkaufen! In den Läden der Industriestadt findet man vor allem gute Keramik, Zinn und Lederwaren. Der interessanteste Platz ist sicher der Fischereihafen: Unter der alten Brücke dampfen große Sardinengrills, man sitzt an langen Tischen.

Der Blick von der alten Brücke, die die Aradebucht überspannt, lohnt den kleinen Spaziergang. Diese alte Brücke, 337 m lang, war früher ein echtes Verkehrsnadelöhr, durch die elegante neue Brücke ist das aufgelöst. Der Blick über den Fluss hin zum Fischerdorf **Ferragudo** ist ein beliebtes Postkartenmotiv.

Der Stolz Portimãos ist der Strand **Praia da Rocha**, in den 1930er-Jahren mondänes Seebad, »das Biarritz Portugals« genannt. Neben wohlhabenden Portugiesen waren es vor allem Engländer, die im Bela Vista stilvoll ihren Tee tranken. Doch vom Flair von einst durfte nicht viel bleiben. Übergangslos von Portimão aus durch Schnellstraßen erreichbar, ist heute aus dem einstigen Flanierdorf am Meer eine Hochhausburg geworden. Nur vom Meer aus sieht man die Luxusvillen mit dem nostalgischen Glanz von damals. Glücklicherweise wurde durch die allzu gierige Stadtplanung nicht die Romantik des Strandes zerstört. Der Sand ist südseefein, sauber und überraschend weitläufig. Der Blick von der Aussichtsterrasse am westlichen Ende Praia da Rochas ist unschlagbar. Abends sollte man den Sonnenuntergang über den bizarren Felsformationen nicht versäumen. Nachts ist der Ort eine krachende Meile, die dem sonstigen Zauber Portugals keine große Ehre macht.

HOTELS/ANDERE UNTERKÜNFTE

Algarve ···⋗ S. 117, F 3
Luxushotel, direkt am Meer gelegen. Mit dem Pool im Garten über den Klippen, darunter eine Disco mit Ausblick zum Meer.
Av. Tomás Cabreira, Praia da Rocha; Tel. 2 82/40 20 00; www.solverde.pt; 220 Zimmer ●●●● CREDIT

Bela Vista ···⋗ S. 117, F 3
Geschichtsträchtig: Das schöne Türmchenhaus war das erste Hotel der Algarve, damals gab es nur etwa tausend Touristen pro Jahr. Heute ist es

MERIAN-Tipp

8 Alcalar – Spuren der Vergangenheit

Dass die Algarve bereits in der Jungsteinzeit besiedelt war, bewiesen Archäologen an einer Fundstätte nahe Portimão. 1880 fand ein Pfarrer aus der Gegend Spuren einer **Grabkammer** (Nekropole). Bis heute wurden um das Dorf Alcalar 29 Gräber entdeckt, die vor gut 5000 Jahren für Stammeshäuptlinge errichtet wurden. Ein gut gemachtes archäologisches Informationszentrum klärt über die neolithischen Gräber auf. Von dort aus empfiehlt es sich, einen Rundgang mit Besichtigung einer präparierten Grabkammeranlage zu machen. Seit 1910 Nationaldenkmal.

Monumentos Megaliticos, Alcalar; Di–Sa 9.30–12.30 und 14–17 Uhr
···⋗ S. 117, E 2

schön renoviert und hat einen Privatzugang zum Strand. Auf der Terrasse mit Palmengarten ist der »Five o'Clock Tea« eine obligatorische Zeremonie.
Av. Tomás Cabreira, Praia da Rocha;
Tel. 2 82/45 04 80; 12 Zimmer und 6 Suiten ●●● CREDIT

Globo ⋯▷ S. 67, b 2
Sauberes, einfaches Hotel, das in der Saison etwas laut ist. Schöne Aussicht aus der obersten Etage.
Rua 5 de Outubro 26; Tel. 2 82/4 63 50, Fax 8 31 42; 71 Zimmer, 4 Suiten
●● CREDIT

Sehenswertes
Igreja Matriz ⋯▷ S. 67, b 2
Von der ursprünglichen Pfarrkirche, die wahrscheinlich im 14. Jh. errichtet wurde, ist noch das gotische Portal erhalten.
Rua Diogo Tomé

Largo 1. de Dezembro ⋯▷ S. 67, b 3
Nach dem Einkaufsbummel lässt man sich gern auf einer Bank in diesem hübschen kleinen Park nieder. Die Fliesen, mit denen die Bänke geschmückt sind, illustrieren die Geschichte Portugals.
Rua Dr. João Vitorino Mealha

Santa Catarina ⋯▷ S. 67, südl. b 3
Das Fort aus dem 16. Jh. schützte zusammen mit dem gegenüberliegenden Fort von Ferragudo die Mündung des Rio Arade, einem der wichtigsten Handelswege der Algarve zur Maurenzeit. Im Sommer wartet hier ein gemütliches Freiluftrestaurant auf Besucher (●● CREDIT).

Essen und Trinken
Dinamarca ⋯▷ S. 67, b 2
Dänisches Steakhouse der gehobenen Kategorie. Inhaber Kurt Nielsen betreibt seit vier Jahren das populäre Restaurant, in dem stets bestes argentinisches Rindfleisch serviert wird.
Rua de Santa Isabel 14–16;
Tel. 2 82/42 20 72 ●●●

Lucio ⋯▷ S. 67, c 2
Einfaches Restaurant mit gutem Fischangebot und Krustentieren.
Sardinenmeile am Hafen ●/●●

Casa Inglesa ⋯▷ S. 67, b 3
Treffpunkt in Portimão, wo sich Einheimische und Touristen begegnen. Das Café mit schönem Hafenblick gilt als »Klatschbörse«, ist auch bei jungen Leuten als Startpunkt in die Nacht sehr beliebt.
Praça Teixeira Gomes 3;
Tel. 2 82/41 62 90 ●

Einkaufen ⋯▷ S. 67, a 2
Portimãos Zentrum ist eine beliebte Einkaufszone. In der alten **Markthalle** finden heute besondere Märkte und Ausstellungen statt.

Service
Auskunft
Posto de Turismo ⋯▷ S. 67, b 2
Cais do Comércio e Turismo;
Tel. 2 82/41 65 56; tgl. 9–19 Uhr

Post
Portimão Zentrum: Praça Manuel Teixeira Gomes; Mo–Fr 9–18.30 Uhr
Praia da Rocha: Av. Tomas Cabreira;
Mo–Fr. 9–12.30 und 14–18 Uhr

Ziele in der Umgebung

Alvor ⋯▷ S. 117, F 3
5000 Einwohner

Westlich von Portimão liegt das Fischerdorf Alvor. Nach Westen hin befindet sich zwischen Alvor und Lagos ein riesiges Feuchtgebiet (Barra Alvor), das seltenen Vogelarten Schutz gewährt.

Das Dorf hat sich trotz zahlreicher Urlauber-Bauten seinen Charme bewahren können. Von einem niedlichen Marktplatz zweigen schmale Gassen ab und winden sich steil durch die Altstadt. Vor dem Hotel Alvor Praia lockt ein kilometerlanger, feiner Sand-

Portimão/Praia da Rocha – Carvoeiro

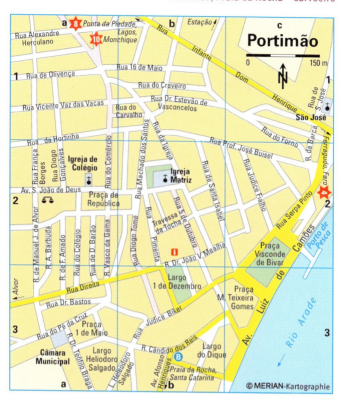

strand, östlich davor die hübsche Ferienanlage **Prainha** und noch ein bisschen weiter der reizvolle Felsenstrand **Três Irmãos**.
5 km westl. von Portimão

Hotels/andere Unterkünfte
Hotel Alvor Praia
Zum Teil antik eingerichtete Zimmer. Gutes Grillrestaurant auch für Nichthotelgäste. Direkt am Strand.
Praia dos três Irmãos; Tel. 2 82/40 09 00; 195 Zimmer, 18 Suiten ●●●● CREDIT

Essen und Trinken
Caniço
Absolut empfehlenswert. Regionale Küche mit hervorragenden Fischgerichten.
Aldeamento Turístico da Prainha; Tel. 2 82/45 85 03; tgl. von mittags bis 1 Uhr nachts ●●

Fisherman's Rest
Idyllisch: frisch gefangene Meeresfrüchte essen und dabei den Fischern bei der Arbeit zuschauen. Direkt neben dem kleinen Hafen gelegen.
Rua Dr. F. R. Mendes 81;
Tel. 2 82/45 81 70; tgl. 10–22 Uhr
●●

Carvoeiro ⇢ S. 117, F 3

2000 Einwohner

Der charmante Dorfkern ist erhalten geblieben, auch die charakteristische

Barlavento – Albufeira bis Sagres

Ideal für einen Ausflug mit anschließendem Restaurantbesuch: Das malerische Fischerdorf Ferragudo ist sowohl von Carvoeiro als auch von Portimão aus gut zu erreichen.

Mini-Bucht mit den Fischerbooten. Der Ortskern ist winzig, eine touristische Bimmelbahn gibt es trotzdem – sie signalisiert, dass hier niemand mehr vom Fischen lebt. Die Hauptstraße hat durch schrille Bars und gut besuchte Cafés ihre Unschuld fast verloren.

Carvoeiro, das ist die kleine Schwester Albufeiras. Die schönen Strände sind von zerklüfteten Felsen eingerahmt. Östlich des Ortskerns liegt **Algar Seco**, ein bizarres Felslabyrinth, in das man über Treppen hinuntersteigen kann. Wind und Wellen haben Höhlen, Torbögen und Terrassen aus dem Kalksteinfelsen herausgewaschen. Einige Fischer bieten Fahrten zu den Grotten an, manchmal mit Picknick. Empfehlenswert ist auch ein Besuch der neu hergerichteten **Praia das Centianes** mit dem Café O Stop.

13 km östl. von Portimão

Hotels/Andere Unterkünfte
Häuser und Apartments im time-sharing-Verfahren vermittelt die deutschsprachige Verwaltungsfirma Karl Kalkbrenner seit 25 Jahren.
Tel. 2 82/35 72 05, Fax 35 77 62;
www.kalkbrenner.ws

Vila Horizonte
Nur wenige Minuten vom Dorfkern entfernt, aber in ruhiger Lage über dem Meer. Alle Zimmer haben Balkon, Heizung, und der Pool ist extragroß. Die deutschen Betreiber der Pension bieten ein leckeres Frühstücksbuffet!
Estrada do Farol; Tel. 2 82/35 60 47,
Fax 35 60 48; www.vila-horizonte.com;
9 Zimmer •/••

Essen und Trinken
L'Orange
Französisch angehauchte Küche in gemütlicher Atmosphäre. Gute Weine und Fischgerichte. Schöne Terrasse.
Mato Serrão (Nähe Hotel Solferias);
Tel. 2 82/35 72 97; bitte reservieren;
18–23 Uhr, So geschl. •••

O Indiano
Leckere indische Küche, auch Gerichte zum Mitnehmen.

Estrada do Farol 2; Tel. 2 82/35 69 99; tgl. 12–15 und 18–24 Uhr ●● CREDIT

Einkaufen
Artesanato Casa do Largo
Neben den üblichen Souvenirs im Angebot: wunderbare Design-Keramik aus ganz Portugal. Versand möglich.
Rampa Encarnação 4–5;
Tel. 2 82/35 69 16

www.hotel-casabela.com; 63 Zimmer
●●●● CREDIT

A Lanterna
Kurz hinter der alten Brücke über den Arade, am Ortseingang von Ferragudo. Gutes Restaurant. Fisch, Fleisch und Nachtisch sind empfehlenswert.
Foz do Arade-Parchal; Tel. 2 82/41 44 29
●●● CREDIT

Ferragudo ···> S. 117, F 3
5000 Einwohner

Das charmante Fischerdorf, das man vom gegenüberliegenden Portimão aus der Ferne sieht, lohnt unbedingt einen Besuch – mindestens zu kulinarischen Zwecken. Per Boot zwar nur wenige Meter entfernt, ist die Anreise mit dem Auto schon etwas umständlicher.

An der kurvigen Hafenpromenade liegen, wie an einer Perlenkette aufgereiht, feine Fischrestaurants, im Wasser dümpeln die dazugehörigen bunten Holzboote der Fischer. In der Luft herrlicher Geruch frisch gegrillter Sardinen, über dem Wasser kreischende Möwen. Der Stadtkern ist geprägt durch enge, steile Gassen. Das **Castelo**, erbaut auf den Ruinen einer Burg des verschwenderischen Königs Dom Sebastião, grenzt direkt an den Altstadthügel, verbunden durch duftende Pinien. Und von der hiesigen Ruhe haben Sie ganz nebenbei den schönsten Blick auf das vis-à-vis liegende, geschäftige Portimão.

5 km östl. von Portimão

Hotels/andere Unterkünfte
Casabela
Exklusives Hotel an einem der schönsten Orte der Algarve. Das großzügige Haus mit dem atemberaubenden Ausblick ist auch für sein gutes Restaurant bekannt.
Vale de Areia, Praia Grande;
Tel. 2 82/49 06 50, Fax 49 06 59;

Lagos ···> S. 117, E 3
25 000 Einwohner
Stadtplan → S. 70

Lagos ist zweifelsohne der Hauptanziehungspunkt der Region. Die frühere Hauptstadt der Algarve ist die letzte größere Stadt vor dem »wilden Westen« Portugals. In den Straßen der Altstadt herrscht fröhliches Treiben, der Hafen pittoresk mit seinen bunten Booten, die Strände wunderschön. Alles, was gen Westen kommt, gilt noch immer als »Geheimtipp«.

Der schöne Ort hat noch immer eine dunkle Vergangenheit: 1443 verkaufte man hier an der **Praça da Republica** erstmals afrikanische Sklaven. Käufer waren christliche Herren, die die schwarzen Menschen als Kuriosität ansahen. Lagos war Ausgangshafen für portugiesische Entdeckungsreisen. Von hier verabschiedete der **Infante Dom Henrique o Navegador** (Heinrich der Seefahrer) seine Karavellen. Der Prinz fuhr nie zur See, setzte jedoch mit seiner **Seefahrerschule** in Sagres Maßstäbe für die Navigation. Heinrichs Residenz stand im 16 km entfernten Raposeira. Dort ließ sich Dom Henrique in der romanisch-gotischen Kapelle **Nossa Senhora da Guadelupe** Kraft und Zuspruch spenden, während seine Kapitäne ins Unbekannte segelten.

Hotels/andere Unterkünfte
Casa da Moura ···> S. 70, b 3
Geschichtsträchtiges Stadthaus mit prachtvollem marokkanischen Inte-

rieur inmitten der Altstadt. Das Restaurant im Dachgeschoss mit Terrasse bietet einen herrlichen Blick über ganz Lagos. Pool im Innenhof.
Rua Cardeal Neto 10; Tel. 2 82/77 07 30, Fax 76 46 80; www.casadamoura.com; 8 Zimmer ●●●/●●●● CREDIT

Casa de São Gonçalo ⋯⋯> S. 70, b 2
Sehr gepflegtes Hotel in einem historischen Bauwerk.
Rua Cândido dos Reis 81; Tel. 2 82/76 21 71, Fax 76 39 27; 9 Zimmer ●●● CREDIT

Aqua Meia Praia Hotel
⋯⋯> S. 70, östl. c 1
Fünf Minuten vom Strand entfernt liegt das maritim eingerichtete Hotel. Optional wird ein drittes (Kinder-)Bett ins Zimmer der Eltern gestellt. Zwei Salzwasser-Pools, Tennis- und Minigolfplatz. Kinder bis zum Alter von 12 Jahren bekommen hier Ermäßigung.
Meia Praia; Tel. 2 82/76 20 01, Fax 76 20 08; 21 Zimmer ●● CREDIT

Hotel Marina São Roque
⋯⋯> S. 70, östl. c 1
Direkt neben der Marina, zehn Gehminuten zum Wasser. Hübsch, familiär, sehr sauber. Zimmer mit Balkon. Pool, Sonnenterrasse.
Estrada de Meia Praia; Tel. 2 82/77 02 20, Fax 77 02 29; 21 Zimmer ●● CREDIT

CAMPING ⋯⋯> S. 70, südl. c 3
In der Nähe des Strandes Dona Ana und nahe der Ponta da Piedade befinden sich zwei große, gut frequentierte schattige Zeltplätze.
Camping Lagos; Tel. 2 82/76 00 31, Fax 76 00 35; 750 Plätze

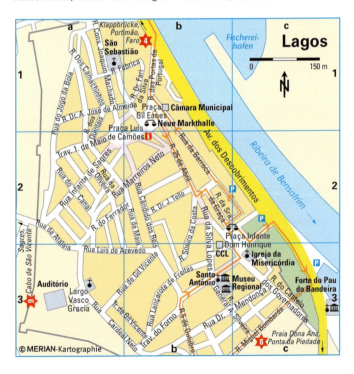

Lagos

SPAZIERGANG

Parken Sie an der »Straße der Entdeckungen«, der **Avenida dos Descobrimentos** – es ist zentral, gebührenfrei und nicht zu einsam. Etwa schräg gegenüber der wasserseitigen Klappbrücke überqueren Sie die mehrspurige Straße und finden den Eingang zur Altstadt. Über glatt getretene »calçadas«, die wunderbaren Straßenpflaster, werden Sie die kommende Stunde leichtfüßig unterwegs sein. An der **Praça Gil Eanes** (ein besonders waghalsiger Seefahrer und Kind der Stadt) zieht ein Denkmal die Blicke auf sich: Es zeigt den als bigott geltenden jungen König **Dom Sebastião** in einer modern gestalteten Variante. Weiter geht's durch enge Gassen, die **Rua de 25 de Abril** entlang. Dicht an dicht stehen dort die alten Kaufmannshäuser, es folgen zahlreiche Restaurants, Bars, Geschäfte. Je nach Tages- oder Nachtzeit wird's hier auch mal trubelig. Gehen Sie bei der ersten Gelegenheit links, dann rechts. Nun kommen Sie direkt auf die schattige **Praça Inf. Dom Henrique** zu, der Namensgeber thront vornan. Die schöne Kirche dort ist die **Santa Maria da Misericórdia.** Während auf der Wasserseite das Verteidigungsfort zu sehen ist, steht stadtseitig die Festung mit typischen Burgmauern. Gehen Sie an der Statue für **Gil Eanes** (»Er öffnete das alte Meer dem modernen Menschen«) vorbei, kurz darauf können Sie linker Hand das breite Stadttor passieren. Voraus heißt es nun die innerhalb der erhaltenen Mauern gelegene Altstadt erklimmen. Hier wird oft restauriert, daher ist nicht immer jeder Durchgang möglich. Halten Sie sich rechts, und orientieren Sie sich an den Türmen der »goldenen Kirche« **Santo António.** Durch das angeschlossene Museum kommen Sie in den prunkvollen Altarraum der Kirche. Nach dem Erdbeben wurde diese 1769 erbaut.

Zurück geht es nun über die Rua da Silva Lopes in Richtung Wasser (Travessa do Mar). An der Stirnseite der Praça D. Henrique, auch Praça da Republica genannt, befand sich einst der **Sklavenmarkt**. Daran vorbei sollten Sie durch die **Rua da Barroca** gehen und sich den Boden genauer betrachten. Maritime Symbole sind alle paar Meter in den Mosaikboden gelassen, blank geputzt, mehr als ein Jahrhundert alt. Verfolgen Sie die Meerestiere bis zur **Praça Gil Eanes**, die jenem mutigen Mann gewidmet ist, der für sein Denkmal keinen eigenen Platz bekam – obwohl er mit der Umsegelung des Kap Bojador als Erster praktisch bewiesen hat, dass die Welt keine Scheibe ist.
Dauer: ca. 1 Std.

SEHENSWERTES

Muralha da Cidade ---> S. 70, C 3
Die Befestigungsmauern der Stadt Lagos, teils von den Römern, teils von den Mauren errichtet, stammen hauptsächlich aus dem 15. Jh. Neben dem ehemaligen Gouverneurspalast **Paço do Governo** achte man auf das hervorstehende manuelinische Fenster aus der Zeit der portugiesischen Frührenaissance. Von diesem Fenster aus wurden Reden ans Volk gehalten.
Praça da República/Praça Inf. Henrique

Ponta da Bandeira ---> S. 70, C 3
Dem Fort aus dem 17. Jh. angeschlossen ist die **Kapelle** der heiligen Barbara. Im **Museum** des Forts wird die Geschichte der Entdeckungen gezeigt. Viele schöne Fliesenbilder.

Ponta da Piedade ---> S. 117, E 3
Der südlichste Punkt der Bucht von Lagos wird von dieser imposanten Felsformation geprägt, die 20 m hoch aus dem Meer aufragt. Die dazu gehörigen Grotten und bizarren Klippen kann man besonders gut vom Boot aus betrachten.
Mit dem Segelschiff »Bom Dia«
ab Hafen; 2-stündiger Ausflug;
Tel. 2 82/76 46 70; www.bomdia.info;
rechtzeitig buchen!

Barlavento – Albufeira bis Sagres: Lagos – Burgau

MUSEEN UND GALERIEN

Centro Cultural de Lagos
⇢ S. 70, b 2/3
Kulturzentrum mit wechselnden Ausstellungen, Theateraufführungen und Konzerten.
Rua Lançarote de Freitas 7/Altstadt;
Tel. 2 82/77 04 50

Städtisches Museum/Igreja Santo António
⇢ S. 70, b 3
Das 1932 gegründete Museum zeigt viele archäologische Exponate und Stadtgeschichtliches. Eingang zur goldenen Kirche Santo António.
Rua General Alberto da Silveira;
Tel. 2 82/76 23 01; Di–So 9.30–12.30 und 14–17 Uhr; Eintritt 2 €

ESSEN UND TRINKEN

Restaurant dos Artistas
⇢ S. 70, b 2
Historisches Gebäude mit kleiner Galerie und Kamin. Auch vegetarische Gerichte und internationale Küche stehen auf dem Speiseplan.
Rua Cândido dos Reis 68;
Tel. 2 82/76 06 59 •••

No Patio
⇢ S. 70, b 3
In einem Haus mit Flair bieten Bjarne und Gitte gepflegtes Essen internationaler und dänischer Küche.
Rua Lançarote de Freitas 46;
Tel. 2 82/76 37 77; So und Mo und Nov.–März geschl. •• CREDIT

Adega da Marina
⇢ S. 70, b 1
Dem neuen Hafen gegenüber; vorwiegend Fisch. Unprätentiös.
Avenida dos Descobrimentos 35;
Tel. 2 82/76 42 84; tgl. bis 2 Uhr geöffnet
● CREDIT

Meu Limão
⇢ S. 70, b 2
Kleine Tapasbar inmitten der Altstadt. Chef Rodrigues bereitet kleine Leckereien für zwischendurch; gute Weine.
Rua Silva Lopes 40–42;
Tel. 2 82/27 67 9 46; tgl. geöffnet
● CREDIT

EINKAUFEN

Antiquitäten Casa do Papageio
⇢ S. 70, b 2
Der sprechende Papagei im Eingang lockt seit vielen Jahren Kunden an.
Rua 25 de Abril

Neue Markthalle
⇢ S. 70, b 1
Sehnlichst erwartet, seit kurzem wieder eröffnet, lockt sie mit breitem Angebot an Obst, Gemüse und Fisch.
Avenida dos Descobrimentos

AM ABEND

Adega-Bar und Disco Mullens
⇢ S. 70, b 2
Hier trifft sich, wer Jazz oder Reggae mag. Bis 23 Uhr wird Essen serviert.
Rua Cândido dos Reis 86

Bar Bonvivant
⇢ S. 70, b 2
Die besten Caipirinhas der Stadt. Im Keller wird durch die Nacht getanzt.
Rua 25 de Abril 105; Tel. 2 82/76 10 19

Muralha
⇢ S. 70, c 3
Die portugiesische Seele offenbart sich im Fado. Melancholie pur!
Muralhas da Cidade, an der Stadtmauer, direkt hinter dem zweiten Stadttor

Stones Bar
⇢ S. 70, b 2
Kultige Bar für feierfreudiges Publikum. Margaritas und Rockmusik.
Rua 25 de Abril

SERVICE

Auskunft
Posto de Turismo ⇢ S. 70, b 2
Rua Vasco da Gama;
Tel. 2 82/76 30 31; tgl. 9–19 Uhr

Ziele in der Umgebung

Burgau ⇢ S. 117, D 3

500 Einwohner

Ein Abenteuer, durch Burgau mit dem Auto zu fahren! Steil, fast von der Außenwelt abgeschnitten, geht's bergab in Richtung Meer. Rampen für

MEHR EXKLUSIVE TIPPS AUF EINEN KLICK: WWW.MERIAN.DE

- Gratis mehr Informationen:
  Entdecken Sie den Premium-Bereich von www.merian.de
- Topaktuelle Zusatznutzen:
  Reiseberichte, Shopping, Tipps und Informationen
- Neue Reiseziele entdecken:
  über 5000 Destinationen weltweit
- Einfach auf www.merian.de
  Ihren persönlichen Zugangscode
  eingeben: 20060095

MERIAN
Die Lust am Reisen

> ### MERIAN-Tipp
> **9 Luxus pur: Vila Valverde**
>
> Ein erstklassiges Designhotel auf dem Hof seiner Eltern zu errichten war schon immer der Traum von Luis Taveres. Nicht viel ist mehr von den Grundmauern zu sehen, umso klarer ist der Stil des neuen Hauses definiert. Jedes der 15 Zimmer ist mit Klimaautomatik und einem großzügigen schwarz-eleganten Badezimmer versehen, in die Hitze des Tages gleitet eine lautlose Schiebetür. Dass selbst Fußball-Ass David Beckham nebst Gattin Victoria (Ex-Spice-Girl »Posh«) hier residierte, sagt alles über den puren Luxus aus, den Profi Taveres geschaffen hat. Obligatorisch: Innen- und Außenpool, Dachterrasse und Parkanlage.
>
> Vila Valverde Design Country Hotel, Estrada da Praia da Luz, Luz bei Lagos; Tel. 2 82/79 07 90;
> www.vilavalverde.com ●●●● CREDIT
> ⤳ S. 117, D 3

die Fischerboote können bei Flut nicht passiert werden, da geht man lieber zu Fuß durchs alte, gewachsene Dorf.

Praia da Luz ⤳ S. 117, D 3
800 Einwohner

»Luz« bedeutet Licht und ist als erster Ort nach Lagos das Tor zu Portugals Westküste. Ab hier gehen die bizarren Felsstrände über in kleine, seichte Sandbuchten, die durch schroffe Felsen vom nächsten Ort getrennt sind. Vom Obelisk am **Miradouro** hat man eine tolle Sicht über die wildere südwestliche Küste des Barlavento. Praia da Luz ist ein kleiner Ort mit **Pfarrkirche** und einer Strandpromenade, die einigen Buden und Cafés Platz bietet. Der Sand ist fein und weiß. Hier und da lässt sich noch erkennen, dass man einst vom Fischfang lebte. Die meisten der weißen Häuser jedoch, üppig mit duftenden Bougainvilleen berankt, stehen Feriengästen zur Verfügung.
4 km westl. von Lagos

Raposeira ⤳ S. 116, C 3
300 Einwohner

Kurz vorm westlichen Ende der N 125 liegt der »Fuchsbau« – Seefahrerprinz **Infante Dom Henrique o Navegador** soll hier gelebt haben. Kurz vor dem Ort trifft man auf die wohl älteste Kirche der Algarve, **Nossa Senhora da Guadelupe** (13. Jh.). Im Dorfkern stammen viele Haustüren aus dem 15. und 16. Jh., die **Igreja Matriz** beschützt alles. Legen Sie auf dem Weg zu den Stränden (Praia do Ingrina/Zavial) einen kurzen Stopp ein. Hier ragt ein seltener **Menhir** in die Höhe. Das Steinkoloss ist vor gut 5000 Jahren zur Götterverehrung hier aufgestellt worden.
18 km westl. von Lagos

Sagres ⤳ S. 116, C 4
2000 Einwohner

Hier ist Europa zu Ende. Und hier begann Portugals Ära als Seefahrernation. Unter Gouverneur **Dom Henrique o Navegador** (Heinrich der Seefahrer) soll einst auf der kleinen Halbinsel **Cabo de São Vicente** eine Seefahrerschule betrieben worden sein. Hier wurde Navigation gelehrt, hier holten sich die Korvettenkapitäne, die »Astronauten des 15. Jh.«, ihr theoretisches Rüstzeug, bevor sie auf große Eroberungsfahrt gingen.

Wenn man auf dem Plateau des Kaps sitzt, sieht man in riesigen Wellen den dunklen Atlantik heranrollen. Windgebeutelt und durch hohe zerklüftete Felsen geschützt, ragt der südwestlichste Zipfel des Landes in die Unendlichkeit. Tief unten an den Stränden muten paddelnde Surfer wie Robben an. Der alte **Leuchtturm** lässt sein Signal seit 150 Jahren übers Meer gleiten. Hoffnung und Zuversicht nicht nur für Seeleute – Abend für Abend pilgern viele Menschen zum Sonnenuntergang und beobachten, auf den Klippen sitzend, das beeindruckende Schauspiel.

Im windgeschützten Fischereihafen von Sagres kann man frühmorgens beobachten, wie die Fischer kistenweise silberglänzenden Meeresaal ausladen und in Richtung Auktionshalle verfrachten.

30 km südwestl. von Lagos

HOTELS/ANDERE UNTERKÜNFTE
Pousada do Infante
In toller Lage oben auf den Klippen. Das Restaurant ist bekannt für seine exzellenten Fischgerichte.
Ponta de Atalaia/Sagres;
Tel. 2 82/68 42 22/3; Hubschrauberlandeplatz; 39 Zimmer ●●●● CREDIT

Hotel Apartments Navigator
Neben der »pousada« errichtetes Apartmenthotel, das Kindern Extrakonditionen einräumt. Ruhig, mit Frühstück und Pool.
Rua Infante D. Henrique;
Tel. 2 82/62 43 54/6, Fax 62 43 60;
55 Zimmer ● CREDIT

ESSEN UND TRINKEN
A Tasca
Die größte und frischeste Auswahl an Fisch. Krustentiere werden nach Gewicht berechnet.
Hafen; Tel 2 82/62 41 77; tgl. außer Sa 12–22 Uhr ●●/●●● CREDIT

Dromedário und Bossa Nova
Alteingesessenes Bistro, nun im neuen Gewand. Ein gesundes Frühstück mit frischen Säften wird im Dromedário serviert, im Bossa Nova gibt's die beste Pizza der Gegend.
Rua Commandante Matoso;
Tel. 2 82/62 42 19 ●●

Salema ⤳ S. 117, D 3

Der Ort, dessen Name sich anhört wie ein arabischer Mädchenname, ist schön und wirkt geheimnisvoll. In schmalen, steilen Gassen hört man immer mal durch einen Häuserspalt das Meeresrauschen. Der Badestrand ist zugleich auch Parkplatz für Fischerboote. Hier ist Massentourismus noch ein Fremdwort, da vergibt man kleine Bausünden der 1970er-Jahre mit einem Lächeln. Die Klippenwanderung ins benachbarte Feuchtgebiet Budens (Brutplatz für exotische Vögel) und an die Strände Boca do Rio/Cabanas dauert eine gute Stunde (bei Ebbe starten!).

15 km westl. von Lagos

CAMPING
Von der kurvigen Straße in Richtung Strand weist das schöne maurische Tor zu einem der attraktivsten Zeltplätze der Algarve. Teilweise ist am Strand FKK möglich.
Quinta dos Carriços; Tel. 2 82/69 52 01

Bronzenes Denkmal eines klugen Kopfes: Heinrich der Seefahrer, der in Raposeira gelebt haben soll und dem viele algarvische Städte ihren Glanzzeit verdanken.

Westküste – Vom Kap nach Norden

Costa Vicentina, die wilde Küste. Raue Winde, endlose Strände: ein Mekka, nicht nur für Surfer.

Die »Praia da Bordeira« ist nur einer von vielen unberührten Stränden an der kilometerlangen zerklüfteten Costa Vicentina. Einsamkeit und Ursprünglichkeit, aber auch eine vielfältige Natur machen jeden Aufenthalt zu einem kleinen Abenteuer.

Wellen. Weite. Wind. Die drei W's gehören untrennbar zur Costa Vicentina im Süden Portugals. Karges, staubiges Land, zum wilden Atlantik hin in großartigen Stränden auslaufend, zieht sich die »Grüne Küste« vom Cabo de São Vicente bis hoch nach Odeceixe und dem Grenzfluss zum Alentejo. 80 km Küstenland fasst der für seltene Pflanzen- und Tierarten wichtige Naturpark. Längst haben Europas beste Surfer dieses Revier für sich entdeckt, und nur durch die eigenwillige Topografie konnte der Individualismus bis heute dem Massentourismus standhalten.

Vila do Bispo ···> S. 116, C 3
5000 Einwohner

Fast unbeachtet liegt das Bischofsstädtchen am Scheidepunkt zwischen dem westlichen Barlavento, dem Südzipfel mit Sagres und der wilden Küste gen Norden. Hier endet nach gut 150 km auch die Hauptstraße der Algarve, die N 125. In diesem kleinen Ort riecht die Sommerhitze noch so richtig nach dem »guten, alten Portugal«: ein netter kleiner Marktplatz mit einigen Kneipen, der Post nebst Bankomat, geschäftige Werkstätten in Hinterhöfen und nicht zuletzt die wunderschöne **Pfarrkirche**. Seit den Achtzigerjahren ist die rustikale Bar Convivio (»Miteinander«) am Platz ein Treffpunkt der Aussteiger aus ganz Europa. Hier gibt es kein Restaurant ohne den obligatorisch dauerlaufenden Fernseher, und während man isst und guckt, diskutiert man auch noch über Gott und die Welt. Großartig einkaufen kann man hier übrigens nicht, da muss man schon nach Lagos fahren! Feinschmecker finden allerdings regelmäßig den Weg aus der Ferne in den kleinen Ort: Seit Generationen »vererbt« man hier das Wissen um den **Entenmuschelfang** – die kulinarische Rarität vermehrt sich an nur wenigen Küsten.

SEHENSWERTES
Igreja Matriz
Die Fassade der Pfarrkirche aus dem 18. Jh. ist typisch, der Altarraum überrascht durch reichhaltige »azulejos« mit Motiven des Meeres. Ein kleines Museum ist angeschlossen.
Am Marktplatz

Torre de Aspa
Als südliche Begrenzung des Gebirgszuges Espinhaço de Cão (»Hunsrück«) erhebt sich das Land auf mehr als 150 m. Ein schwarz-weißer Obelisk weist Wanderern den Weg durch die Heidelandschaft zur höchsten Klippe der Küste. Vom Miradouro aus hat man kilometerweite Sicht.
Ab Vila do Bispo in Richtung Castelejo

Windpark Bispovento
Der günstigen Lage wegen ist etwa 3 km nordwestlich der Stadt der erste Windpark der Algarve entstanden. Mittlerweile sorgen sieben gigantische Windräder für sauberen Strom in der gesamten Region.

ESSEN UND TRINKEN
A Eira do Mel
Für Feinschmecker gibt's Hummer und Pasteten. Tolle Rezepte.
Estrada do Castelejo 12;
Tel. 2 82/63 90 16; www.eiradomel.com;
Sa geschl. ••• CREDIT

Café Correia
Herrliche regionale Küche. Fragen Sie nach den für die Gegend typischen Entenmuscheln (»percebes«).
Rua 1. do Maio 4; Tel. 2 82/63 91 27;
Sa geschl. ••

Ziel in der Umgebung

Carrapateira ···> S. 116, C 3
400 Einwohner

Weniger der beschauliche Ort als die bekannten Strände führen den Reisenden nach Carrapateira. Hippies

Die Westküste – Vom Kap nach Norden

und Punks entdeckten diese Perle bereits in den 1970er-Jahren für sich, mittlerweile herrscht im Dorf ein polyglottes Klima. Neben der stumm vor sich hinhäkelnden Großmutter hockt eine Gruppe tätowierter Surfertypen vor dem Café an der Markthalle, Eselskarren klappern die kurvige Straße entlang. António bereitet hier schon seit mehr als 20 Jahren in gleichbleibend gemächlicher Geschwindigkeit den »galão«. Der Strand **Praia do Amado** ist sehr beliebt bei Wellenreitern, allerdings ist die Meeresströmung hier nicht ganz ungefährlich. Der weitläufige Hausstrand **Praia da Bordeira** bietet Familien paradiesische Voraussetzungen. Beide Strände sind durch eine Piste hoch über dem Ozean miteinander verbunden, die besonders im Frühjahr zum Spaziergang in Blütenteppichen einlädt.
13 km nördl. von Vila do Bispo

Hotels/andere Unterkünfte
Monte Velho Nature Resort
Zimmer mit Aussicht: Von der »persönlichen« Hängematte aus haben Sie gute Sicht aufs Leuchtfeuer von Sagres und den Gipfel des Foía. Im Garten locken schattige Pavillons mit Blick aufs Meer. Zahlreiche Freizeitmöglichkeiten werden angeboten, etwa ein Fest im Berberzelt und Eselsritte. Familiäre Atmosphäre fernab jeglichen Trubels.
Herdade do Monte Velho;
Tel. 2 82/97 32 07, Fax 97 32 08;
Buchung über www.secretplaces.de;
8 Suiten ●●● CREDIT

Essen und Trinken
O Sítio do Forno
Vorm Ortsschild Carrapateira geht links eine Piste zur Praia do Amado, dem bekannten Surferstrand, ab. Über den Klippen gibt's frischen Fisch vom Holzkohlengrill. Einmaliger Blick aufs Meer!
Praia do Amado; Tel. 2 82/97 39 14;
tgl. außer Mo ●●

Aljezur ⇢ S. 117, D 1
5000 Einwohner

Die ruhige Kreisstadt wurde bereits im 10. Jh. von Arabern besiedelt. Darauf weisen die über der Stadt thronenden Ruinen eines maurischen Kastells hin. Etwa um das Jahr 1250 eroberten christliche Ritter den strategisch wichtigen Ort zwischen Küste und Hinterland. Nachdem 1755 auch hier das große Erdbeben wütete, wurde ein zweiter Ortskern gebaut.

Liebevoll gestaltete Pavillons inmitten eines blühenden Gartens mit Blick aufs Meer: Das Monte Velho Nature Resort lockt insbesondere Individualurlauber an.

Aljezurs historisches Zentrum lädt zum Verweilen ein – kleine Cafés am (gelegentlich ausgetrockneten) Fluss verströmen einen eigenwilligen Charme. Am Marktplatz ist eine Stadtübersicht in Form von »azulejos« aufgestellt; von dort hat man einen schönen Blick auf die umliegenden Hügel mit kaskadenartig gebauten, geweißelten Häuschen. Jeden Herbst findet etwas außerhalb ein Feinschmeckerfestival statt (→ MERIAN-Tipp, S. 79).

HOTELS/ANDERE UNTERKÜNFTE
Alto da Lua 🍽️
»Turismo rural« für Individualisten. Das Landgasthaus überrascht mit einem Mix aus modernem Design und Landhauscharme. Zimmer mit Terrasse. Pool mit schönem Panorama.
Alto da Lua an der N 120;
Tel. 96/8 13 57 88; www.altodalua.com;
11 Zimmer ●●● CREDIT

SEHENSWERTES
Castelo Mouro/Fonte das Mentiras
Das Erklimmen der Burgruinen erfordert einen zehnminütigen Anstieg. Er lohnt sich – von hier haben Sie eine atemberaubende Aussicht übers Land. Der »Brunnen der Lügen« am Fuße des Hügels erzählt die Legende einer schönen Maurin und die Eroberung der Burg durch die Christen.

SERVICE
Auskunft
Posto de Turismo
Largo do Mercado; an der EN 120;
Tel. 2 82/99 82 29; tgl. 9–19 Uhr

Ziele in der Umgebung
Monte Clérigo ⟶ S. 117, D 1

Dieser Strandort könnte auch an der kalifornischen Pazifikküste liegen. Die niedlichen bunten Häuser sind rundum in Dünen eingebettet. Viele Wellenreiter am schönen Sandstrand.
4 km westl. von Aljezur

MERIAN-Tipp
✡ Entenmuschel-Festival

Seit 1998 findet in Aljezur das Festival da Batata doce e dos Percebes – (Süßkartoffeln und Entenmuscheln) statt. Neben skurrilen Muscheln und an Gemeinschaftsherden (»fornos comunitários«) variantenreich zubereiteten süßen Knollen gibt die traditionsreiche, rurale Veranstaltung zwei Tage lang gute Einblicke ins portugiesische Alltagsleben. Ein in der gesamten Algarve beliebtes und gut besuchtes Festival mit zahlreichen Vorführungen, Musik und einem Markt für Kunsthandwerk.

fbdp; Pavilhão de Feiras e Exposições Aljezur; jährl. Okt./Nov.;
www.cm-aljezur.pt ⟶ S. 117, D 1

Odeceixe ⟶ S. 117, D 1
1500 Einwohner

Für die meisten endet der Weg entlang der Küste schon vor Odeceixe – die Nationalstraße führt sie nach Osten ins Hinterland. So kommt es, dass der Grenzort zum Alentejo wenig touristisch ist. Dabei gibt es auch hier herrliche Strände, sogar einen für Nudisten. Tolle Klippenwanderungen sind an versteckten Buchten möglich.
15 km nördl. von Aljezur

Rogil ⟶ S. 117, D 1
300 Einwohner

Das gute Klima sorgt dafür, dass in der Gegend um das malerische Dorf Rogil exotische Pflanzen wie Erdnüsse und Süßkartoffeln wachsen können. Hier gibt es noch viele Bauern, die wie früher ihre Felder mit viel Liebe und Handarbeit bewirtschaften. Schöne Windmühle auf dem Hügel.
5 km nördl. von Aljezur

Hinterland – Serra und Barrocal

Die Bergwelt, fernab vom Trubel der Strände, ist eine Oase der Ruhe und Besinnlichkeit.

Das Klima im Bergland der Serra de Monchique sorgt dafür, dass auf den terrassenartig angelegten Anhöhen viele subtropische Pflanzenarten gedeihen: darunter prächtige Palmen und Eukalyptusbäume.

Bergland heißt das Hinterland der Algarve, aber mit dem höchsten Gipfel in 902 m ist es eigentlich nur ein wenig hügelig. Die wunderschönen grünen Terrassenlandschaften der Serra de Monchique laufen seicht ins östliche Barrocal aus. Subtropische Bedingungen sorgen dafür, dass hier Palmen neben Paradiesäpfeln gedeihen, leider auch viel durstiger Eukalyptus. Landwirtschaft ist ein wichtiges Thema. Mancher Farmer ist jung, denkt modern und kommt von der Küste. So wird die Stadtflucht der Jungen aufgefangen und verhindert, dass die Dörfer überaltern. Und Touristen können weiter in Nostalgie schwelgen, wenn ein Bauer mit seinem Eselskarren an ihnen vorbeizieht.

Monchique ⇢ S. 117, F 1
7000 Einwohner

Das wohl bekannteste Städtchen des Hinterlandes liegt zwar nur 25 km nördlich von Portimão, doch kurvige Straßen sorgen für eine längere Anreise. Von der Aussichtsterrasse des Franziskaner-Konvents **Nossa Senhora de Destero** (1632) hat man einen weiten Blick auf die üppige Vegetation der Gegend. Im Ortskern liegt der Busbahnhof, und ab hier geht's treppauf in alle Richtungen. Stündlich läutet die Glocke der **Igreja Matriz** für ihre fleißigen Kirchgänger. Die »monchiqueiros« nämlich, sagt man, gingen täglich dreimal zum Beten in ihre schöne Mutterkirche.

HOTELS/ANDERE UNTERKÜNFTE
Quinta da Corte
Welch' Erwachen! Morgens liegt, wie ein blaues Wunder, die gesamte Algarveküste ausgebreitet zu Füßen. Diesen Panoramablick bekommt, wer eines der vier Zimmer der Quinta bezieht. Der schön ausgebaute Bauernhof ist bestens als Ausgangspunkt für Wanderungen geeignet. José und Helena bereiten ein leckeres Frühstück zu. Etwas außerhalb; für die Anreise wird ein Auto benötigt.
Corte Grande 2, ab Monchique Richtung Alferce; Tel. 2 82/91 12 90; www.quintadacorte.com; 4 Suiten
••• CREDIT

Inn Bica Boa
Natur, Ruhe und Entspannung erwartet Sie im hübsch eingewachsenen Bica Boa, das gemäß den Jahreszeiten eingerichtet ist. Angenehmes Extra: Reiki-Wellness. Im exquisiten Restaurant werden neben Fisch und Wild auch vegetarische Gerichte serviert.
Estrada de Lisboa N 266, am Ortsausgang; Tel. 2 82/91 22 71; 4 Zimmer
•• CREDIT

ESSEN UND TRINKEN
A Charette
Das Restaurant mit der Kutsche hat schon etliche Preise abgeräumt. Sympathisch: der Schanktisch im Essraum und die riesige Porzellanvitrine.
Rua Dr. S. Gil 30–34; Tel. 2 82/91 21 42; tgl. bis 22 Uhr •• CREDIT

Jardim das Oliveiras 🍴
Restaurant mit Wildspezialitäten und gutem Service. 100 m nach dem Abrigo da Montanha auf der Straße zur Fóia rechts ins Land. Kinderspielplatz.
Sítio do Porto Escuro/Fóia;
Tel. 2 82/91 28 74; tgl. 10–24 Uhr
•• CREDIT

O Fernando
Regionale Spezialitäten und gute Weine am höchsten Berg der Algarve.
Caminho da Foia; Tel. 2 82/91 32 43;
Mo geschl. • CREDIT

Ziel in der Umgebung
Caldas de Monchique
⇢ S. 117, F 2

Die Heilquellen von **Caldas de Monchique** lockten schon die Römer an, und seit Jahrhunderten ist das kürzlich renovierte Dorf als Kurort bekannt. Mit seinen hübschen Belle-Epoque-Häusern zieht nun ein frischer Hauch durch Caldas. Besonders hübsch: die Fassade der zweigesichtigen »pensão internacional«. Zur Hauptstraße hin in maroder Verfassung, vom Entree aus ein Prunkbau. Entlang der Quellen wurde ein Picknick-Bereich eingerichtet, und das ruhig plätschernde Rinnsaal wird stetig von seinen Jüngern in Trinkflaschen aufgefangen. Ein Jahr pro Glas, erzählt die Legende, bekommt man hier geschenkt. Auf das Leben!

6 km südl. von Monchique

HOTELS/ANDERE UNTERKÜNFTE
Estalagem Dom Lourenço
Zentral am schattigen Marktplatz gelegenes Luxushotel mit angeschlossenem Restaurant. Spa- und Poolnutzung. Kinder erhalten Rabatt.
Tel. 2 82/91 09 10, Fax 91 09 90; www.monchiquetermas.com; 12 Zimmer ●●●/●●●● CREDIT

Loulé → S. 119, D 7
20 000 Einwohner

Am Wochenende ist großer Markttag in ganz Loulé, dann weht ein Hauch von Orient durch die Häuserreihen der schattigen Alleen. Die sind zwar nicht durchgehend antik, doch das tut der munteren Stimmung des Städtchens keinen Abbruch. Hauptattraktion ist die **Markthalle** mit ihren arabischen Fensterbögen. Gleich daneben steht das klassische Rathaus. Loulé ist eine Stadt mit starken maurischen Einflüssen, und die Ruinen des Kastells wurden in neuere Bauten (Tourismusbüro und Stadtarchiv) integriert. Auch aus den Klosterruinen entstand Neues: Das alte gotische Portal (**Largo Tenente Cabeçadas**) ziert heute eine Privatuniversität und eine Kunstgalerie.

Vier Tage vor Aschermittwoch wird in Loulé im großen Stil **Karneval** gefeiert, zusammen mit dem **Mandelblütenfest**. Zwei Wochen nach Ostern eilen Büßer und Ministranten im Laufschritt zur Kapelle vor den Toren der Stadt, um ihre »Senhora da Piedade« zu ehren; Mãe Soberana ist das wichtigste Kirchenfest der Algarve.

HOTELS/ANDERE UNTERKÜNFTE
Casa Beny
Die gepflegte Pension liegt inmitten der Altstadt. Vom großen Dachgarten reicht der Blick bis ans Meer.
Rua S. Domingos 13; Tel. 2 89/41 77 02; 9 Zimmer ●●

Loulé Jardim Hotel
Ruhig gelegenes, schön restauriertes altes Stadthaus. Pool auf dem Dach, nur 8 km zum Strand.
Praça Manuel de Arriaga; Tel. 2 89/41 30 94/95, Fax 46 31 77; www.loulejardimhotel.com; 52 Zimmer ●● CREDIT

SEHENSWERTES
Algarve-Stadion
Das Estadio Algarve zu Loulé durfte zur EURO 2004 Gastgeber für packende Sportduelle sein. Das blaue Superkonstrukt kann vormittags besichtigt werden.
Parque das Cidades Loulé/Faro; Tel. 2 89/89 32 00; Eintritt 2 €

Ermida de Nossa Senhora da Conceição
Diese kleine unscheinbare Kapelle ist ausgefüllt mit wunderschönen »azulejos« aus dem 17. und 18. Jh. Zwischen dem Haus Nr. 22 und dem Geschäft A Muralha auf dem Weg zum Castelo wirkt die Kapelle wie eingeklemmt. Meistens ist sie von 10–12 Uhr geöffnet.
Rua D. Paio Peres Correia

ESSEN UND TRINKEN
Casa Paixanito
Spezialität sind an die 30 verschiedene, leckere Tapas. Abends reservieren.

Einen Hauch von Orient vermitteln die Bogenfenster am Marktgebäude, rechts im Bild, neben dem modernen City Center von Loulé.

Estrada de Querença, an der N396 nördl. von Loulé; Tel. 2 89/41 27 75; So geschl.
●●● CREDIT

Avenida Velha
Familiäres Restaurant im ersten Stock. Viele kulinarische »Extras« vom Chef.
Av. José da Costa Mealha 40;
Tel. 2 89/41 67 35; So mittags geschl.
●● CREDIT

Moiras Encantadas
Geheimtipp für Genießer! Im Gewölbekeller gibt es neben regionaler Küche auch mittelalterliche Bankette. Preisgekrönt, unbedingt reservieren!
Rua M. Bombardo 2, Paderne;
Tel. 2 89/36 87 97; Mo–Sa 19–22.30 Uhr
●● CREDIT

Monte de Eira
Man tafelt auf dem großen Dreschplatz, der dem Restaurant seinen Namen gab. Wildspezialitäten.
Estrada Loulé–Querença, Clareanes;
Tel. 2 89/43 81 29; Di–So 19–23 Uhr
●● CREDIT

Os Tibetanos
Farbenfroh im buddhistisch-tibetanischen Stil eingerichtet, überwiegend junges Publikum. Konsequent vegetarische Küche. Man isst im hinteren Teil eines winzigen Ladens.
Rua Almeida Garrett 8 (rechts neben der Markthalle); Tel. 2 89 46 20 67 ●● CREDIT

Einkaufen
O Arco
Keramikwerkstatt und Laden. Große Auswahl bunt bemalter Teller, Krüge und Becher. Auch auf Bestellung mit Namenszug oder speziellen Motiven.
Rua das Almadas 4 (schmale Gasse zwischen Fußgängerzone und Largo Afonso III.)

Service
Auskunft
Posto de Turismo
Edifício do Castelo; Tel. 2 89/46 39 00; tgl. 9–19 Uhr

Ziele in der Umgebung

Alte ⇢ S. 118, C 6
2400 Einwohner

Das malerische Bergdorf ist eine blühende Oase, in der glasklare Quellen sprudeln. Der Heimatdichter Cândido

Guerreiro ließ sich hier inspirieren, sein Denkmal steht hinter der **Fonte de Bicas** unter Bäumen. In den 1970er-Jahren wurden die Hippies von der friedlichen Eintracht angelockt, heute leben hier im Grünen viele Künstler. Im Frühling feiert man mit Blumenumzügen das Fest der Quellen. Lauter und touristischer wird es im Sommer. Dann kann man an der **Grande Fonte** baden und picknicken. Spezialität aus Alte: hochprozentiger »Medronho«, gebrannt aus Baumerdbeeren.

HOTELS/ANDERE UNTERKÜNFTE
Alte Hotel
Über dem Dorf gelegen, bietet das moderne Haus einen wunderschönen Ausblick. Beheizter Pool, Tennis und Minigolf. Die Zimmer sind gemütlich.
Estrada de Sta. Margarida, Motinho/Alte; Tel. 2 89/47 85 23, Fax 47 86 46;
30 Zimmer ●● CREDIT

SEHENSWERTES
Museu Privado/Sapateria
Der Dorfschuster stellt sein Hobby aus: eine entzückende Sammlung von Gebrauchsgegenständen der vergangenen zwei Jahrhunderte.
Rua do Prior 8 a;
zu den Geschäftszeiten

Salir ⇢ S. 119, D 6
300 Einwohner

Mitten in den Bergen, 15 km nördlich von Loulé, liegt das putzige Dorf. Die Straße windet sich durch grüne Hügel, an weiten, einsamen Tälern vorbei. Dom Afonso III. eroberte die Festung von Salir, die die Araber gebaut hatten. Vom Castelo blieben nach dem Erdbeben zwar nur Ruinen übrig, doch ist sie eine der fünf Burgen des portugiesischen Wappens. Zu begehen hinter der **Mouro Bar Castelo**. Vom Kirchplatz bietet sich ein wundersam friedliches Rundum-Panorama in die Serra do Caldeirão.

São Brás de Alportel
8000 Einwohner ⇢ S. 119, E 7

Das frühere Bischofsstädtchen liegt 17 km von Faro entfernt und ist in sanfte Orangen- und Mandelhaine eingebettet. Ehemals war São Brás sogar das Zentrum der Korkindustrie. An Ostern ist die Blumenprozession sehenswert, und der Friedhof mit der Palmenallee ist der vielleicht schönste an der Algarve.

HOTELS/ANDERE UNTERKÜNFTE
Pousada de São Brás de Alportel
Die älteste »pousada« der Algarve liegt prominent oberhalb des Ortes und bietet einen Rundumblick über das hügelige Hinterland. Das 1942 erbaute, charmant renovierte Haus hat eine ausgezeichnete Küche und bietet zahlreiche Freizeitmöglichkeiten für die ganze Familie.
Tel. 2 89/84 23 05; 33 Zimmer
●●● CREDIT

Residencial Santo António
Größere Räume mit Bad, die im Winter beheizt werden – das hat man an der Algarve nicht überall.
An der N 2 in Richtung Lissabon;
Tel. 2 89/84 39 96; 4 Zimmer ●●

MUSEUM
Museu Etnográfico do Traje Algarvio
Das in einer alten, herrschaftlichen »quinta« untergebrachte volkskundliche Museum zeigt aufmerksam zusammengestellte Exponate früheren ländlichen Lebens.
Rua Dr. José Dias Sancho; Mo–Fr 10–13 und 14–17, Sa und So 14–17 Uhr;
Eintritt frei

ESSEN UND TRINKEN
Luís dos Frangos
Hier werden scharf gewürzte Hühnchen vom Holzkohlegrill, Kaninchen und Wachteln auf den Tisch gebracht.
Estrada de Tavira; Tel. 2 89/84 26 35;
tgl. außer Mo 12–22 Uhr ●

Silves

⟶ S. 118, A 6

11 000 Einwohner

Schon im 4. Jh. vor Christi haben Phönizier Silves besiedelt. Tausend Jahre später, unter maurischer Herrschaft, war »Xelb« die Hauptstadt der Algarve – und aufgrund der geografischen Lage (Silves liegt genau zwischen Hinterland und Südküste) das wichtigste Handelszentrum des Südens. Auf dem Fluss Arade verschiffte man Erzeugnisse des Hinterlandes.

Dann kam die »reconquista«. Es wurde gewütet und gemordet – auch der große Fluss versandete. Silves versank in der Bedeutungslosigkeit – nur die über allem thronende, weithin sichtbare **Maurenburg** aus rotem Sandstein blieb. Mitte des vorigen Jahrhunderts beendeten Stadtplaner den Dornröschenschlaf.

Längst ist die Vergangenheit ins heutige Stadtbild integriert: das Maurische Kastell, Kirchen aus dem 12. und 13. Jh., die **römische Brücke** und letztlich das aus dem 16. Jh. stammende **Cruz de Portugal** am östlichen Ortsausgang. Silves ist heute wieder eine lebendige Kulturstadt.

Eine altgediente Korkfabrik avancierte zum Kulturzentrum **Fábrica do Inglês**. Neben dem **Korkmuseum**, Restaurants und einem Teehaus gibt es stets gut besuchte Konzerte (Café Inglês), sogar nächtliche Lightshows. Auch im Burghof und der Zisterne finden ausgelassene Feste und Ausstellungen statt. Am 900 Jahre alten arabischen Brunnen befindet sich das **archäologische Museum**.

Auch zum Urlaubmachen ist Silves reizvoll. Die umliegenden Hügel laden zum Wandern ein; man kann sogar eine Bootsfahrt auf dem Rio Arade unternehmen (→ Routen und Touren, S. 91).

Hotels/andere Unterkünfte
Quinta do Rio Country Inn
Familiär geführter, idyllischer Hof mit Pferd, Hund und Katz', direkt am Fluss gelegen. Man kann ein ganzes Haus oder nur Apartments mieten. Pool und Outdoor-Schach, Zimmer mit Bad und Terrasse. Abendessen nach Anmeldung.
6 km östlich von Silves, Sìtio de São Estevão 217; Tel./Fax 2 82/44 55 28; www.quintadoriodao.com; 4 Häuser, 12 Zimmer ●●● ⌑

Essen und Trinken
Casa Velha
Lebende Hummer im Aquarium, gute Regional- und Fischgerichte aus der Cataplana. Vis-à-vis des Rathauses.
Rua 25. Abril 13; Tel. 2 82/44 54 91
●● CREDIT

O Alambique
Klein und gemütlich ist's bei Marlen Schmid und ihrem internationalen Team. Wöchentlich wechselnde, exotisch klingende Gerichte.
Poço Barreto; N 269 Richtung Algóz;
Tel. 2 82/44 92 83; www.alambique.de;
tgl. 18.30–22 Uhr, Di geschl. ●● CREDIT

1942 erbaut und liebevoll renoviert: die Pousada de São Brás de Alportel, übrigens die älteste »pousada« an der Algarve.

Routen und Touren

Natur pur: Ein Ausflug an die südwestliche Spitze Europas, zum Cabo de São Vicente, sollte in keinem Besuchsprogramm fehlen. Dort warten bizarre Felsformationen, traumhaft schöne, unberührte Strände und wunderschöne, vom Meer geschliffene Steine.

Urlaub im Land der großen Entdecker: Wie wär's mit einer Schiffsfahrt auf den Spuren der Araber oder mit einer Wanderung im Naturpark? Wir geben Tipps für schöne und erholsame Ausflüge.

Entlang einer der zauberhaftesten Küsten Europas – Eine Luxuskreuzfahrt

Charakteristik: Eine erlebnisreiche Reise auf einem modernen Kreuzfahrtschiff mit mehreren Städte-Stopps und exquisitem Essen; **Dauer:** 3, 5 und 8 Tage; **Einkehrmöglichkeiten:** An Bord; **Kosten:** ab 380/650/895 €, Buchung für Juli bis September bei Algarve Cruises; Tel. 2 82/45 71 08; www.algarvecruises.pt; **Karte:** ⇢ S. 118–120

Luxusreisen auf portugiesischen Wasserwegen: Was sich in der Douro-Region um Porto schon seit Jahren bewährt, wird nun endlich auch an der Algarve angeboten. Ein speziell für die küstenumrundende Schiffstour entworfener, hochmoderner Luxusdampfer nimmt Sie im Hafen von Portimão an Bord. Vier Decks mit 65 Kabinen ermöglichen bis zu 130 Passagiere, Seeluft zu schnuppern. Bei der Buchung kann zwischen drei, fünf und achttägigen Passagen gewählt werden.

Portimão ⇢ Faro

Das Programm beginnt jeweils am Samstagabend mit der Einschiffung in **Portimão**, am Folgetag heißt es nach einem Stadtbummel »Leinen los« in Richtung Osten. Immer die herrliche Barlavento-Küste mit ihren rotbraunen Felsstrukturen und goldenen Stränden in Sichtweite, wird zunächst auf **Faro**, Hauptstadt der Algarve, Kurs genommen. Im Bordrestaurant des untersten Decks bittet der Koch regelmäßig zum Dinner, danach gibt's auf Wunsch Kulturprogramm bis in die Nacht. Im schönen Faro haben Sie vormittags genügend Zeit, um einen Stadtspaziergang zu machen, bis die Reise in Richtung Spanien weitergeht.

Vorbei an der eher ruhigen Sotavento-Küste mit dem vorgelagerten Naturpark **Ria Formosa** haben Sie vom Schiff aus eine einzigartige Sicht auf das lang gestreckte Lagunensystem und die Vielfalt seltener Vögel. Fernglas nicht vergessen! Auch

Vilamoura ist die Golf- und Segelhochburg der Region und besitzt mit 1300 Liegeplätzen den größten Yachthafen Portugals.

Nach dem Erdbeben von 1755 nach Lissaboner Vorbild wieder aufgebaut: die Stadt Vila Real de Santo António am Rio Guadiana.

Nicht-Ornithologen werden sich kaum langweilen. Das Sonnendeck der Flotte ist jeweils mit Pool und zwei Whirlpools ausgestattet, und der Barkeeper hält für Sonnenanbeter sicher einen erfrischenden Drink bereit.

Vila Real de Sto. António ---> Mértola

Für Kurzbesucher heißt es in **Vila Real de Sto. António** abheuern; echte Entdecker bleiben, um die nun folgende seichte Flusskreuzfahrt auf dem Rio Guadiana bis zum **Alentejo** zu erleben. Die landschaftliche Abwechslung zur südlichen Algarveküste ist erstaunlich. Entlang des zunächst salinenreichen Flussufers ziehen nach und nach kleine Städtchen mit wohlklingenden Namen wie **Laranjeiros** (portugiesisch für Orangenzüchter) und **Puerto Carbón** (spanisch für Kohlenhafen) vorbei. »Fallen Anker« heißt es mittags in Alcoutim, von dort aus besteht die Möglichkeit, das frühere (maurische) Handelszentrum **Mértola** im angrenzenden Alentejo zu besichtigen. Vom UNESCO-Weltkulturerbe zurück, wird als besonderer Höhepunkt ein opulentes Abendessen in der Burg von **Alcoutim** serviert.

Ayamonte ---> Sevilla

Passagiere auf ganz großer Fahrt schließen an die kommenden Stationen Ayamonte und Sevilla (mit dem Bus) die Rückfahrt entlang der Südküste an.

Vilamoura ---> Portimão

Der nächste Hafen heißt **Vilamoura**, Golf- und Segelsporthochburg der Algarve, und eben diese Tätigkeiten bieten sich am freien Nachmittag an.

Ab Portimão, das am siebten Tag im Routenplan steht, bietet sich eine weitere Städtetour an. Die alte Maurenhauptstadt mit dem bekannten Kulturzentrum **Fábrica do Inglês** ist das Ziel des Ausflugs. Die letzte Nacht und die gesamte Reise klingen im Hafen von Portimão mit einem üppigen Frühstück aus.

Die Algarve von der Wasserseite kennen zu lernen ist eine großartige Abwechslung zum reinen Strandurlaub. Und welche Kabine Sie auch immer buchen, ein wunderschöner Panoramablick ist Ihnen gewiss. Die Kreuzfahrten sind übrigens für jedermann geeignet – die Flotte ist behindertengerecht und mit einem Fahrstuhl ausgerüstet.

Auf dem Rio Guadiana – Eine Grenztour auf dem Fluss

> **Charakteristik:** Entspannende Bootsfahrt durch Naturschutzgebiete, Badesachen nicht vergessen! **Länge:** ca. 20 km; **Dauer:** Tagesausflug; **Einkehrmöglichkeiten:** In Odeleite werden am Gemeinschaftsgrill Hähnchen und Sardinen zubereitet; **Auskunft:** Riosul; Tel. 2 81/51 02 00; E-Mail: riosul@mail.telepac.pt; erwachsene Gäste aus Richtung Albufeira zahlen pauschal (Bus und Boot) ca. 40 €, aus Tavira 35 €; **Karte:** ⸺⃕ S. 120, B 9/10

Der Grenzfluss trennt Portugal vom Nachbarland Spanien und führt durch eine einsame, relativ arme, aber sehenswerte Landschaft.

Vila Real de Sto. António ⸺⃕ Norden

Von der portugiesischen Grenzstadt **Vila Real de Santo António** gehen verschiedene, saisonal variierende Schiffstouren gen Norden ab.

Der große und ehrgeizige portugiesische Stadtplaner **Marquès de Pombal** hat die Stadt im Jahre 1774, nur wenige Jahre nach dem alles verwüstenden Erdbeben, streng geometrisch und nach Lissaboner Vorbild entworfen und bauen lassen. Die Stadt hat keine touristischen Highlights. Doch hier liegen diverse Motorschiffe, die den Guadiana hinaufschippern und die zu beiden Seiten friedliche und intakte Grenzlandschaft vorüberziehen lassen.

Castro Marim ⸺⃕ Salinenlandschaft

Von März bis Oktober liegen verschiedene Schiffe im Yachthafen startklar; auch ein Ausflugsdampfer, der dann an den alten Festungsanlagen von **Castro Marim** vorbei durch das Naturschutzgebiet gleitet, in dem Hunderte von Störchen nisten, Seidenreiher stolzieren und Seeschwalben neugierig das Schiff umkreisen.

Phönizische, römische, arabische und christliche Besetzungen haben sich hier in der Gegend ein Stelldichein gegeben. Bei Gelegenheit sollten Sie unbedingt mit dem Auto kommen und den Burghügel besteigen. Hier gibt es viel Interessantes zu entdecken. Archäologen sind ständig dabei, Neues auszugraben und einzuordnen. Auf den Mauern kann man stundenlang herumspazieren und dabei kilometerweit ins Land schauen. Bei guter Sicht kann man sogar die spanische Stadt Huelva erkennen. Und man erblickt die strahlend weiße Brücke, die seit Jahren die neue Grenzstation zwischen Portugals Süden und Spanien darstellt. In früheren Zeiten ging es ausschließlich per Fährpassage von Iberien nach Lusitanien.

Castro Marim ⸺⃕ Odeleite

Eine weitere Schiffsreise jedoch geht höher in Richtung Norden. Unter der weißen Brücke hindurch schwenkt das Boot in einen Seitenarm – Ribeira de Odeleite –, sehr still und erholsam. Wer Lust auf eine Erfrischung verspürt, springt hier in den Fluss, um eine Runde zu schwimmen.

Zurückgekehrt auf den großen Fluss, steht manchmal an der Anlegestelle von **Foz de Odeleite**, einem gottverlassenen, kleinen Dorf, ein Mann mit zwei Mauleseln, der auf die Fährgäste wartet. Er stellt sie gegen einen kleinen Obolus denjenigen zur Verfügung, die nicht zu Fuß durch den Ort wandern wollen.

In einem Restaurant in Odeleite isst man gemeinsam gegrillte Hähnchen oder Sardinen, dann geht's schnurstracks zurück. Gegen 18.30 Uhr erreicht das Motorschiff wieder den Hafen von Vila Real de Santo António, wo schon die Zubringerbusse zu den jeweiligen Hotels bereit stehen.

Rio Arade von Portimão nach Silves – Auf den Spuren der Mauren

Charakteristik: Kombitour: Bootsfahrt ins Inland, Spaziergang in Silves und Badeausflug mit Picknick; Badesachen mitnehmen, Abfahrt ab Portimão Hafen; **Länge:** insgesamt ca. 40 km; **Dauer:** Tagesausflug; **Einkehrmöglichkeiten:** Fábrica do Inglês, Silves; **Auskunft:** Tourismusbüro Portimão; Tel. 2 82/41 65 56 oder bei den Bootseignern João; Tel. 96/6 14 34 83 und Peter, Tel. 96/5 14 04 00; **Karte:** ⇢ S. 117, F3–S. 118, A 6/7

Von Portimão aus können Sie, ganz wie in alten Zeiten, die frühere Maurenhauptstadt Silves auf dem Wasserweg erreichen. Bei einem der Boote handelt es sich um den Nachbau eines arabischen Frachtkahns.

Unterwegs treffen Sie auf verfallene Gezeitenmühlen und auf eine kleine Kapelle im Felsen, die **Gruta de Santo António**. Hier erbitten Fischer Hilfe von ihrem Schutzpatron. Auf der **Ilha da Rosário** findet man römische Fundamente, und man gleitet an der **Quinta de Matamouros** vorbei, einem Edeldomizil, wo in alten Zeiten die Geheimgänge der Maurenburg von Silves hingeführt haben sollen.

Quinta de Matamouros ⇢ Silves
Heute kann man sich kaum vorstellen, dass **Silves** vor 1000 Jahren ein lebhafter Hafen war, in dem reich beladene Karavellen anlandeten. Aber man bekommt eine Ahnung von der einstigen Bedeutung der Stadt, wenn die gewaltigen roten Mauern der Burg sichtbar werden. Drei Jahrhunderte lang war Silves das kulturelle Herz von Al-Gharb, hier wurden Poesie und Musik gepflegt. Heute können Sie nur Reste dieses Reichtums finden, aber ihren Flair hat die alte Maurenstadt behalten. Eine Bimmelbahn fährt zur alten Korkfabrik, die eine Unterhaltungsmeile geworden ist.

Silves ⇢ Portimão
Die Rückfahrt nach Portimão führt über einen Seitenarm des Arade. Dort sprudeln die **Fontes de Estómbar**; das Quellwasser lädt zu einem erfrischenden Bad ein. Meistens hat der Bootseigner Wein und allerlei Köstliches für ein Picknick an Bord. Ansonsten wird der Mittagstisch in der **Fábrica do Inglês** von Silves gedeckt.

Die Fahrrinne des **Rio Arade** wird laufend vom Sand befreit, die Abfahrtszeiten richten sich nach der Tide. Erkundigen Sie sich vorher im Tourismusbüro nach den genauen Fahrzeiten.

Das neue Wahrzeichen: Die Brücke über den Fluss Arade bei Portimão bringt Besuchern seit 1992 den vorher etwas abgelegenen Westteil der Algarve näher.

Naturpark Ria Formosa – Wattwandern auf dem Lehrpfad

Charakteristik: Lehrreiche Wanderung mit Besuch beim Hundezüchter; **Dauer:** ca. 3–4 Std.; **Einkehrmöglichkeiten:** Café der Quinta do Marim; **Auskunft:** Infozentrum Centro de Educação Ambiental de Marim, Quelfes; Tel. 2 89/70 41 34; **Eintritt:** 1,50 €; **Öffnungszeiten:** 9–12.30 und 14–17.30 Uhr; **Karte:** ···→ S. 119, F 8

Quinta do Marim ···→ Rundwanderung

Das weite Haffgebiet, das sich von Faro nach Osten bis fast an den Grenzfluss Guadiana ausdehnt, ist Naturschutzgebiet und ideal für eine Wanderung. Im Naturpark Ria Formosa können Sie seltene Wattvögel, schwarze Enten, Löffelreiher und Störche beobachten. Sandbänke, die vor der Küste als Badeinseln dienen, schützen die Lagunen und die Marsch. So können die Tiere in Ruhe brüten und ihre Jungen im abgeschirmten Gebiet aufziehen. Östlich von Olhão wurde ein Informationszentrum eingerichtet, **Quinta do Marim**. Der Naturpark ist so abwechslungsreich gestaltet, dass sich eine etwa zweistündige Wanderung lohnt.

Aquarien ···→ Gezeitenmühlen

Parken Sie am Eingang und kaufen sich den kleinen Plan für 1,50 €. Sie finden darin Interessantes wie Meeresaquarien und Wissenswertes über Fischfangmethoden und Gezeitenmühlen, die von der Tide angetrieben werden. Eine verbliebene Mühle arbeitet heute noch. Bei einer Rundwanderung kommen Sie an einen See, der vielen Vögeln als Rückzugsgebiet dient. Gut getarnt kann man die Vögel beobachten. Im weiteren Verlauf des Lehrpfads gelangt man zu einem noch funktionierenden arabischen Bewässerungssystem, einer so genannten **Nora**.

Quinta do Marim ···→ Hundezuchtstation

Die portugiesischen Wasserhunde, »Cão de Água«, sind große, pudelähnliche Hirtenhunde, die hervorragend schwimmen und tauchen können, weshalb Fischer sie früher als »Radargerät« beim Fischfang benutzten. Die klugen und sehr niedlichen Gesellen werden in der Quinta do Marim neuerdings wieder gezüchtet und können besucht werden.

Erst aus der Luft betrachtet lässt sich die Weitläufigkeit des abwechslungsreich gestalteten Naturparks Ria Formosa voll erkennen.

Serra de Monchique – Zum höchsten Gipfel der Algarve wandern

Charakteristik: Gute Kondition und festes Schuhwerk für eine Wanderung in atemberaubend schöner Landschaft sind erforderlich. Taxi für den Rückweg vorbestellen; Rucksack mit Picknick mitnehmen. **Länge:** 10 km; **Dauer:** ca. 6 Std.; **Einkehrmöglichkeiten:** A Teresinha, Strecke Fóia–Ceiceira; Tel. 2 82/91 23 92; **Auskunft:** Uwe Schemionek; www.wandern-mit-uwe.de; **Karte:** ⸺⸺> S. 117, F 1

Der Weg führt über leichte Hänge zwischen den Bergen bis in die Nähe der **Fóia**, dem mit 902 m höchsten Berg der Serra de Monchique.

Am besten ist es, für den Hinweg den Bus nach **Marmelete** (18 km von Monchique) zu benutzen, aber in **Gralhos** auszusteigen. Für den Heimweg sollten Sie ein Taxi bestellen (vielleicht nach Fonte da Senhora). Die Anfahrt mit dem eigenen Auto ist weniger zu empfehlen, weil Sie dann zum Ausgangspunkt zurückgehen müssten.

Gralhos ⸺⸺> Pé do Frio de Baixo

In **Gralhos** wandern Sie beim Kilometerstein 21,6 der Landstraße Nr. 267 los. Abzweigen beim Wegweiser Chilrão/Portela da Viúva/Selão nach Norden. Der breite Sandweg folgt den Windungen des Bachtales. Beim Schild Pé do Frio finden Sie eine Quelle und einen kleinen Wasserfall. Der Ort **Pé do Frio de Baixo** ist in der Straßenkurve zu sehen. Sie biegen nun links ab. Die Straße überquert Täler, links und rechts sind kleine Wasserfälle zu sehen. Sie folgen dem Schild Chilrão und haben die Kreuzung nach Selão zur Linken. Nach 200 m biegen Sie rechts ab (Wegzeichen) und folgen dem Weg nach oben. Während des Aufstiegs atmen Sie den würzigen Duft der Eukalyptushaine ein. Durch Terrassenfelder hindurch gehen Sie über eine weitere Kreuzung hinweg weiter aufwärts. Der Weg setzt sich zwischen den Häusern von **Choça** und **Lamateira** fort. Dann wechselt der Duft, Pinien wachsen hier, und Sie sehen vor sich den Berg **Fóia**.

Moita ⸺⸺> Fonte da Senhora

Der Weg führt nun in einer weiten Kurve rechts um den Berg, vorbei an Quellen und den Häusern von **Moita** bis zu einer Wegmarkierung. Der letzte Anstieg beginnt; biegen Sie links ab. Sie treffen auf einen Platz kurz vor dem Anschluss an die Landstraße Nr. 266-3. Nach rechts zeigt ein Wegweiser zum Aussichtspunkt **Fonte da Senhora**. Links geht es noch 2 km weiter bis zum Gipfel. Für diese Wanderung sollten Sie festes Schuhwerk tragen.

An den Tankstellen gibt es eine hervorragende Wanderkarte von Bio-Park-Network. Die Naturschutz-Organisation will 1000 km Wanderwege ausarbeiten, um Natur, innovative Energieprojekte und Sehenswertes zu verbinden.

Ausflug ins Grüne: Die Monate April und Mai sind ideal für eine Fahrt in die Serra de Monchique.

Auf Stippvisite im unbekannten Osten – Landschaft von herber Schönheit

Charakteristik: Diese Autofahrt führt Sie von der Sandalgarve gen Norden durch das ruhige, fast einsame Hinterland; **Länge:** 140 km; **Dauer:** Tagesausflug; **Einkehrmöglichkeiten:** Restaurant Pousada São Brás de Alportel; **Karte:** ⋯⋗ S. 119, E 7–S. 120, B 9

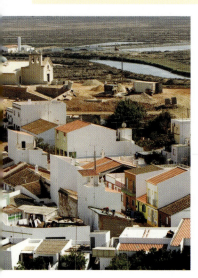

Rote Dächer, weiße Häuser, Salzfelder und Kanäle, so präsentiert sich der kleine Ort Castro Marim.

Diese Rundfahrt zeigt ein anderes Algarve-Gesicht als das der bekannten Ferienorte. Sie beginnt im Sotavento, der sanften Seite der Küste, im winzigen Dorf Cacela Velha bei Tavira.

Cacela Velha ⋯⋗ Castro Marim

Sie fahren auf der Hauptstraße in Richtung Vila Real de Santo António. Von Manta Rota über Alagoas und Praia Verde erstreckt sich ein langer und kilometerweit von Pinien begrenzter Sandstrand, der in **Monte Gordo** endet. Wegen eines Spielcasinos ist dieser touristisch voll erschlossene Ort bei Spaniern und Urlaubern aus Lissabon gleichermaßen beliebt.

Sie müssen nicht in den Ort hineinfahren, sondern biegen links ab nach **Castro Marim**, einem der ältesten Algarveorte von ehemals großer strategischer Bedeutung. Das nahe gelegene Vogelschutzgebiet **Reserva Natural do Sapal de Castro Marim** ist einen Abstecher wert.

Castro Marim ⋯⋗ Alcoutim

Eine kurvenreiche, wenig befahrene Straße (N 122) führt Richtung Mertóla durch eine karge, hügelige Macchia. Besonders zauberhaft ist sie im Frühjahr, wenn die Zistrosen die Hänge überziehen. Überqueren Sie nun einen riesigen Stausee, und achten Sie auf die Beschilderung nach Alcoutim, die Sie von der Hauptstraße wegführt nach rechts am **Rio Guadiana** entlang. Eine romantische, kleine Straße mit einer Landschaft von herber Schönheit. Der verschlafene Ort Alcoutim zieht sich an seinen Hängen hoch bis zur maurischen Burg. Auf der gegenüberliegenden Flussseite befindet sich das spanische Kastell von Sanlúcar.

Alcoutim ⋯⋗ São Bras de Alportel

Auf der N 124 setzen Sie Ihre Fahrt fort über **Martim Longo**. Von hier können Sie einen Abstecher zum alten Bergwerk Minas dos Mouros in Vaqueiro (→ Familientipps, S. 33) machen. Weiter geht's über Cachopo und Montes Novos nach **Barranco Velho**. Die Gegend hier ist einsam, die Dörfer karg und einfach, und man ahnt, dass das Leben in diesem Gebiet auch heute noch beschwerlich ist.

Von São Brás de Alportel am Südhang der Serra do Caldeirão erreichen Sie östlich Tavira, westlich über Loulé Ihre Zielorte.

Am Cabo de São Vicente – Mit dem Auto bis ans Ende der Alten Welt

Charakteristik: Autofahrt durch karge Heidelandschaft mit Sonnenuntergangs-Liveshow; **Länge:** ab Lagos 40 km; **Dauer:** ca. 5 Std.; **Einkehrmöglichkeiten:** Vila Velha, Rua Inf. D. Henrique, Sagres; Tel. 2 82/62 47 88; Di–So; **Karte:** ⤑ S. 116, B/C 4

Ein Ausflug ans Kap, die südwestliche Spitze Europas, darf in keinem Besuchsprogramm fehlen. Nördlich von Sagres gibt es wilde, traumhaft schöne Strände mit gefährlicher Brandung und besonderen Steinen. Sie sind vom Meer in Form geschliffen, grau und weiß geädert.

Der Ort **Sagres** ist, bis auf den Fischereihafen, sehr ruhig. Dort aber, im Schutz der hohen Felsen, lohnt ein Halt. Wem sich Gelegenheit bietet, mit einem Fischer rauszufahren, wird durch den fernen Anblick der dramatischen Küste belohnt. Seefest sollten Sie aber sein!

Mit dem Auto geht's weiter zum »Ende der Welt«, »finis terrae«, wie die alten Portugiesen diesen Ort nannten. Zunächst zum mächtigen Fort aus dem 15. Jh. Das Gelände selbst ist eher uncharmant, aber die Aussicht vom Fels herab in alle Richtungen ist fabelhaft. Halten Sie sich innerhalb der Mauern rechts, der südlichste Punkt liegt etwa 1 km weiter. Hier, in 25 m Höhe, stehen häufig Angler und werfen ihre Leinen entlang der schroff stürzenden Felsen ins Wasser – dort, wo das Ungeheuer gurgelt, wie Legenden behaupten.

Die Weiterfahrt bringt Sie zum Leuchtturm des **Cabo de São Vicente**. Oft stürmt es und ist diesig, und auch im Hochsommer kann es passieren, dass alle Viertelstunde die Nebelhörner ertönen. Das Licht des Leuchtturms ist 90 km weit zu sehen. Es bewahrt den regen Schiffsverkehr rund um das Kap vor Unheil.

Wenn der Leuchtturmwärter gut gelaunt ist, bietet er bisweilen eine Besichtigung seines »Spiegelkabinetts« im Turm an.

Cabo de São Vicente ist der südwestlichste Punkt Europas. Das Licht des Leuchtturms, rund 90 Kilometer weit zu sehen, bewahrt den Schiffsverkehr um das Kap vor Unheil.

Wissenswertes über die Algarve

Schön, traurig und voller Sehnsucht: der Fado, eine wehmütige Klagemelodie, die typisch für ganz Portugal ist und gegen Ende des 19. Jahrhunderts gesellschaftsfähig wurde.

Die Algarve von A–Z: von Anreise über Geschichte, Internetadressen bis hin zu Sprachführer und Zollmodalitäten. Alles Wissenswerte ist hier übersichtlich dargestellt.

Jahreszahlen und Fakten im Überblick

Die Vorgeschichte Portugals reicht zurück bis etwa 10 000 v. Chr. (Altsteinzeit). Aber erst im 12. Jh. gründeten Portugiesen einen unabhängigen Nationalstaat. Vorher eroberten Römer das Land. Ihre Herrschaft dauerte etwa 500 Jahre. Um 410 kamen Germanen ins Land, um 600 breiteten sich die Westgoten aus. 711 war ihr Schicksal besiegelt, denn die Araber eroberten fast die ganze Iberische Halbinsel.

Bald wurde Widerstand wach, neue selbstständige Königreiche bildeten sich. Das Haus León in Nordportugal begann die »reconquista«, die Rückeroberung der von Mauren besetzten Gebiete. Bis 850 war Mittel- und Nordportugal maurenfrei, nur an der Algarve hielten die Araber stand.

1143
Die Grafschaft Portucale wird als Königreich anerkannt.

1128–1385
Die Burgunden herrschen im neuen Staate Portugal.

1250
Die letzten Mauren werden unter Afonso III. besiegt.

1267
Im Vertrag von Badajoz wird die bis heute geltende Grenze zwischen Spanien und Portugal festgelegt. Damit gehört Portugal zu den ältesten Staaten Europas.

1415–1560
Das kleine portugiesische Volk wird zum Vorreiter der großen Entdeckungen. Portugal wird Weltmacht.

1415
Heinrich der Seefahrer gründet die Seefahrerschule in Sagres.

1488
Bartolomeu Dias umrundet die Südspitze Afrikas, das Kap der Guten Hoffnung.

1495–1521
Nie wieder war Portugal so mächtig und wohlhabend wie unter der Herrschaft von Manuel I.

1500
Brasilien, später Portugals größte Kolonie, wird entdeckt. Vasco da Gama wiederum entdeckt den Seeweg nach Indien und damit die Gewürzroute.

2. Hälfte des 16. Jh.
Portugal verliert einige seiner Kolonien. Erhalten bleiben Schwarzafrika und Brasilien.

1578
Portugals größte Niederlage: Der Feldzug gegen die Araber endet mit 60 000 toten Kriegern.

1580
Die Spanier besetzen das geschwächte Nachbarland. Philipp II. von Spanien besteigt den Thron.

1668
Erfolgreicher Aufstand gegen Spanien, Unabhängigkeit. Der Herzog von Bragança wird König. Die neue Dynastie hält sich bis 1910.

1755
Ein verheerendes Erdbeben zerstört Lissabon und viele algarvische Städte.

1807
Napoleon besetzt Portugal. Der König flieht samt Hofstaat nach Brasilien.

1811
Britische Truppen zwingen die Franzosen zum Rückzug.

Geschichte

1820
Die Engländer, bisher Portugals Verbündete, werden vertrieben. Die Bürger erhalten per Gesetz mehr Mitspracherecht.

1910
Revolution. König Manuel II. wird gestürzt. Die Inflation galoppiert, der Staat ist verschuldet.

1916
Unfreiwilliger Krieg gegen Deutschland. Es bleibt unruhig: In 16 Jahren Republik gibt es etwa 50 Regierungen. Das Militär putscht. Eine Militärregierung folgt.

1926
Nach mehreren vergeblichen Versuchen endet ein Militärputsch diesmal erfolgreich; die zivile Regierung wird entmachtet.

1928
António de Oliveira Salazar wird Finanzminister. Der Nationalökonom begründet eine Diktatur, die sich fast 50 Jahre hält.

1932
Salazar wird Ministerpräsident und gibt dem Land eine neue Verfassung. Es gibt von Beginn an eine Opposition gegen ihn.

1939–1945
Portugal bewahrt im Zweiten Weltkrieg Neutralität.

1949
Portugal wird Nato-Mitglied.

1968
Salazar stirbt. Marcello Caetano, langjähriger Mitarbeiter Salazars, wird Ministerpräsident.

1974
Durch die »Bewegung der Streitkräfte« wird die Regierung am 25. April bei der »Nelkenrevolution« gestürzt.

1975
Revolutionsrat (nur Militärs) als Führungsgremium. Verstaatlichung der Wirtschaft und Agrarreform.

1976
Erste demokratische Verfassung.

1978
Neue Koalitionsregierung zwischen Sozialisten und dem Demokratisch-Sozialen Zentrum mit Mário Soares als Regierungschef.

1985
Aufnahme Portugals in die EG.

1987
Erste Mehrheitsregierung, rechtsliberal, unter Cavaco Silva.

1989
Im Zuge einer Verfassungsänderung werden sozialistische Bestimmungen aufgehoben.

1996
António Guterres (PS) löst Silva ab. Staatspräsident: Jorge Sampaio.

1999
Portugal gibt Macau, die letzte wirkliche Kolonie, an China zurück.

2002
Rechtsruck. Der konservative PS-Politiker Baroso wird Regierungschef.

2004
Die Fußball-Europameisterschaft wird in neuen Stadien des Landes ausgetragen. Portugal wird Zweiter.

2005
Das Parlament mit Baroso-Nachfolger Lopes löst sich auf. Die PS erringt zum ersten Mal die Mehrheit. Neuer Ministerpräsident wird José Sócrates.

2006
Der frühere Ministerpräsident Cavaco Silva wird neuer Staatspräsident.

Nie wieder sprachlos

Wichtige Wörter und Ausdrücke

Ja	sim
Nein	não
Bitte	por favor/se faz favor (s.f.f.)
Danke	obrigado/a (Frauen sagen: obrigada)
Und	e
Wie bitte?	como?/como disse?
Ich verstehe nicht	não comprende/ não percebe
Entschuldigung	desculpe/peço desculpa!
Guten Morgen	bom dia
Guten Tag	bom dia (nach 12 Uhr: boa tarde)
Guten Abend	boa tarde (spät: boa noite)
Hallo	olá
Ich heiße ...	sou .../o meu nome é ...
Ich komme aus ...	venho de ...
Wie geht's?	como vai?/ como está?
Danke, gut	bem, obrigado
Wer, was, welcher	a quem, o quê, qual
Wie viel	quanto
Wo ist	onde está/onde é
Wann	quando
Wie lange	quanto tempo
Ich möchte	queria/gostaria
Sprechen Sie deutsch?	fala alemão?
Auf Wiedersehen	adeus
bis gleich (Freunde)	até já; tchau
bis später	até logo; até brêve
Heute	hoje
Morgen	amanha
Gestern	ontem

Zahlen und Wochentage

eins	um
zwei	dois
drei	trés
vier	quatro
fünf	cinco
sechs	seis
sieben	sete
acht	oito
neun	nove
zehn	dez
hundert	cem
fünfhundert	quinhentos
tausend	mil
zweitausend	dois mil
fünftausend	cinco mil
zehntausend	dez mil
Montag	segunda (-feira)
Dienstag	terca (-feira)
Mittwoch	quarta (-feira)
Donnerstag	quinta (-feira)
Freitag	sexta (-feira)
Samstag	sábado
Sonntag	domingo

Mit und ohne Auto unterwegs

Wie weit ist es nach ...	quantos minutos/ quilómetros ainda faltam para ...
Wie kommt man nach ...	por favor, podia dizer-me o caminho/a direcção para ...
Wo ist ...	onde é ...
– die nächste Werkstatt/ Tankstelle	– a próxima oficina/ bomba de gasolina
– der Busbahnhof	– caminho de autocarro
– die nächste Busstation	– o próximo paragem de autocarro
– der Flughafen	– o aeroporto
– die Touristeninformation	– posto de turismo
– die nächste Bank	– o próximo banco
Wo finde ich ...	onde está/onde posso encontrar ...
– einen Arzt	– um médico
– eine Apotheke	– uma farmácia
Bitte voll tanken!	cheio, se faz favor!

Normalbenzin/Super/bleifrei/Diesel	gasolina/super/sem chumbo/gasóleo
rechts/links/geradeaus	à direita/à esquerda/em frente
Ich möchte ein Auto/Fahrrad mieten	queria alugar um carro/uma bicicleta
Wir hatten einen Unfall	tivemos um acidente

Übernachtung

Ich suche ein Hotel	procuro um hotel
Ich möchte ein Zimmer für ... Personen	queria um quarto para ... (pessoas)
Haben Sie Zimmer frei?	ainda tem quartos?
– für eine Nacht	– para uma noite
– für eine Woche	– para uma semana
Ich habe ein Zimmer reserviert	mandei reservar um quarto
Wie viel kostet das Zimmer?	quanto custa o quarto?
– mit Frühstück	– com pequeno almoço
– mit Halbpension	– com meia pensão
Kann ich das Zimmer sehen?	poderia mostra-me o quarto? posso ver o quarto?
Kann ich mit Kreditkarte zahlen?	posso pagar com cartão?
Haben Sie noch Platz für ein Zelt/einen Wohnwagen?	ainda tem um lugar para uma tenda/para uma caravana?

Restaurant

Die Speisekarte bitte	a ementa, se faz favor
Die Rechnung bitte	a conta, se faz favor
Ich hätte gern einen Kaffee	queria um café
– Espresso	– uma bica
Haben Sie etwas Zitrone?	tem um bocado de limão?
Wo finde ich Toiletten?	onde está a casa de banho?
Haben Sie Nachtisch?	(O que) tem de sobremesa?
Kellner/in	o senhor/a senhora (se faz favor)
Frühstück	pequeno almoço
Mittagessen	almoço
Abendessen	jantar

Deftige regionale Köstlichkeiten, wie sie an der Algarve aufgetischt werden.

Einkaufen

Wo gibt es ...	onde há;
Haben Sie ...	tem ...
Wie viel kostet das?	quanto custa?
Es ist zu teuer	e muito caro/é caro demais
Geben Sie mir bitte 100 Gramm/ein Pfund/ein Kilo	cem gramas, se faz favor/o meio quilo/um quilo
Danke, das ist alles	obrigado/a, é tudo
geöffnet	aberto
geschlossen	fechado
Bäckerei	padaria
Lebensmittelgeschäft	minimercado/supermercado
Markt	mercado/feira

Die wichtigsten kulinarischen Begriffe

Wichtige Redewendungen im Restaurant → S. 101

Die Speisekarte bitte	a ementa, se faz favor
Die Rechnung bitte	a conta, se faz favor
Ich hätte gern einen Kaffee	queria um café
– Espresso	– uma bica
– Kaffee m. Milch	– café com leite
– Milchkaffee	– galão
Wo finde ich Toiletten?	onde está a casa de banho?
Kellner/in (oder nur)	o senhor/a senhora (se faz favor)
Frühstück	pequeno almoço
Mittagessen	almoço
Abendessen	jantar

A

abóbora: Kürbis
açorda: Eintopf aus Fleisch, Wurst und Gemüse. Kann auch mit Fisch und Krustentieren zubereitet werden
açucar: Zucker
água mineral: Mineralwasser
– *com gás:* kohlensäurehaltiges Mineralwasser
– *sem gás:* Mineralwasser ohne Kohlensäure
aguardente: Branntwein
– *velha:* alter Weinbrand
alcaparras: Kapern
alho: Knoblauch
alho-francês: Porree
almoço: Mittagessen
alperces: Aprikosen
amêndoa: Mandel
amêijoas: Miesmuscheln
amêijoas à bolhão pato: Herzmuscheln in pikanter Kräutersoße
ameixa: Pflaume
ananás: Ananas
anchovas: Anchovis
arroz: Reis
assado: Braten
atum: Tunfisch
avelãs: Haselnüsse
azeite: Olivenöl
azeitonas: Oliven
– *pretas:* schwarze Oliven
– *verdes:* grüne Oliven

B

bacalhau: Stockfisch. Das Nationalgericht, traditionelles Weihnachtsessen. Es gibt in Portugal 365 Gerichte für den getrockneten, in Salz eingelegten Kabeljau – für jeden Tag eines.
bagaço: weißer Branntwein
batata: Kartoffel
– *cozida:* gekochte Kartoffel
– *frita:* Pommes frites
– *puré:* Kartoffelpüree
bebida: Getränk
beijinhos: Küsschen; Baiser
beringelas: Auberginen
bife: Steak
bife de atum: Tunfischsteak in Olivenöl, mit Zwiebeln gebraten
bife à portuguesa: Eine Art Beefsteak wird mit Knoblauch, Salz, Pfeffer und Lorbeer in Öl geschmort und in eine Tonform gelegt. Schinkenspeck oder gekochter Schinken decken es zu, der Bratensaft wird mit Weißwein gelöscht und darüber gegossen. Zur Krönung kommt noch ein Spiegelei obendrauf. Bratkartoffeln liegen als Kranz drumherum.
bolo: Kuchen
– *de amêndoa:* Mandelkuchen
– *de chocolate:* Schokoladenkuchen
– *de noz:* Nusskuchen

C

cabrito: Zicklein, das wie *borrego* (Lamm) als eine Art grob zerhacktes Gulasch angeboten wird
caça: Wild
cacau: Kakao
café: Kaffee
– *com leite:* Kaffee mit Milch
– *galão:* Milchkaffee

caldeirada (de peixe): Fischeintopf aus mehreren Sorten Fisch, Muscheln, Zwiebeln, in Weißwein gedünstet. Sehr gehaltvoll

caldo verde: pürierte Kartoffelsuppe mit fein geschnittenem Kohl oder anderem grünen Gemüse. Original mit zwei Scheibchen Knoblauchwurst

camarôes: Krabben

canela: Zimt

canja de galinha: Hühnerbrühe mit Reis und frischer Pfefferminze, garniert mit Zitronenscheiben. Im Sommer oft kalt serviert

caracóis: Schnecken

carangejos: Taschenkrebse

carne: Fleisch

– *picada:* Hackfleisch

– *alentejana:* Gericht aus Schweinefleisch mit Venusmuscheln, in Wein-Knoblauchsud mit Kartoffeln

carneiro assado: Hammelbraten

cataplana: Das Gericht hat seinen Namen nach dem Spezialtopf, der »cataplana«, in dem es zubereitet wird. Ein schmackhafter, kräftig gewürzter Eintopf.

cavala: Makrele

cerejas: Kirschen

cerveja: Bier

– *branca:* helles Bier

– *preta:* dunkles Bier

chá: Tee

– *com leite:* Tee mit Milch

champanhe: Schaumwein

chávena: Tasse

chocolate: Schokolade

chouriço: scharf gewürzte, mit Paprika und Knoblauch verarbeitete Wurst aus Schweinefleisch. Auf der Speisekarte auch als *chouriço assado*: Auf einem Ton-Tischgrill wird die Wurst über angezündetem Schnaps gegrillt. Anschließend stippt man die gehaltvolle Brennsubstanz mit Brot auf (ein Winteressen).

codorniz: Wachteln, entweder in Butter gebräunt und mit Thymian, Salz, Pfeffer und Lorbeer abgeschmeckt oder am Spieß gebraten

coelho: Kaninchen, das oft als *estufado* auf den Tisch kommt, d. h. in grobe Stücke zerlegt, in Wein mariniert und geschmort

cogumelos: Pilze

colher: Löffel

cominho: Kümmel

compote: Kompott

conta: Rechnung

copo: Glas

costeleta: Kotelett

couve-flor: Blumenkohl

cozido: gekocht

cravinho: Gewürznelken

croquetes: Kroketten

crustáceos: Krustentiere

D

dobrada: Pansen (Rindermagen), wird als Eintopf zusammen mit getrockneten weißen Bohnen serviert

doce: Marmelade

E

ementa: Speisekarte

empadas: Pasteten

enguias: Aale

escalopes: Schnitzel

espadarte: Schwertfisch, köstlich wie Lachs, *fumado* als Vorspeise geräuchert oder in Weißwein- oder Champagnersoße

espinafre: Spinat

estufado: gedünstet

F

faca: Messer

faisão: Fasan

favas: dicke Bohnen mit Speck, Zwiebeln und viel Petersilie – das Frühlingsessen an der Algarve

feijão verde: Schnittbohnen

fiambre: gekochter Schinken

fígado: Leber

figos: Feigen

filete: Filet

framboesas: Himbeeren

frango: Hähnchen

– *assado:* gebratenes Hähnchen

– *com piri-piri:* Portugiesen und Touristen lieben gleichermaßen die platt geklopften halben Hähnchen,

die in äußerst scharfer »piri-piri«-Soße mit Wein mariniert werden, bevor sie auf den großen Holzkohlengrill kommen.
fumado: geräuchert

G
galinha: Huhn
gambas: Hummer-Krabben
garfo: Gabel
garrafa: Flasche
gaspacho: gut gewürzte, kalte Gemüsesuppe, vorwiegend aus Tomaten, Gurken und Paprika
gelado: Eis
– *de baunilha:* Vanilleeis
– *com chantili:* mit Sahne
– *com morangos:* mit Erdbeeren
geleia: Gelee
groselha: Johannisbeere
guardanapo: Serviette
guisado de vaca: Rindergulasch
– *de cabrito:* Ziegengulasch

J
jantar: Abendessen
jarro: Krug
javali: Wildschwein

L
lagosta: Languste
langostim: kleine Langusten
laranja: Orange
lavagante: Hummer
lebre: Hase
legumes: Gemüse
leitão: Spanferkel. Vor dem Grillen wird wilder Thymian ins Fleisch eingebracht.
Leitão wird oft kalt angeboten
leite: Milch
licor: Likör
limonada: Zitronenlimonade
linguado: Seezunge
linguiça: Wurst aus Schweinefleisch, Knoblauch und Gewürzen, in Wein marinierte Zutaten
lista do vinho: Weinkarte
lombo de porco com amêijoas à alentejana: leckere, kurz gebratene Schweinefiletwürfel mit Muscheln in Weinsoße
louro: Lorbeer
lulas: Tintenfische, zubereitet mit oder ohne »Tinte«. Besonders gut in Butter gebraten

M
maçã: Apfel
meia dose: halbe Portion
manteiga: Butter
mariscos: Krustentiere
medronho: hochprozentiger Schnaps aus Baumerdbeeren
mel: Honig
melancia: Wassermelone
melão: Honig- oder Netzmelone, die mit Portwein gefüllt oder mit Schinken auf den Tisch kommt. Als Nachtisch gefüllt mit *morangos*, Erdbeeren
mexilhões: Miesmuscheln
migas: Brotbrei. Brot wird in Fleischbrühe eingeweicht, zerstampft und mit Gewürzen, Knoblauch und Eiern abgeschmeckt.
miolos: Hirn
molho à espanhola: Die Soße wird aus Tomaten, Zwiebeln, Knoblauch, Olivenöl, Salz und Pfeffer zubereitet und gern zu Miesmuscheln gereicht.
morangos: Erdbeeren
mostarda: Senf

N
nata: Sahne
– *batida:* Schlagsahne
nós moscada: Muskatnuss

O
omelete: Omelette
ovos: Eier
– *mexidos:* Rühreier

P
pão: Brot
palito: Zahnstocher
pastéis: Törtchen, Pasteten
pato: Ente
peito: Brust
peixe: Fisch
peixe espada: Schwertfisch (kommt in Stücken auf den Grill)

pepinos: Gurken
pequeno almoço: Frühstück
pêra: Birne
percebes: Entenmuscheln; seltene, hornig aussehende Meerestiere
perdiz: Rebhuhn. Steht nur im Herbst auf der Karte
perna: Keule
peru: Truthahn
pescada: gekochter, junger Schellfisch mit festem Fleisch. Dazu Salzkartoffeln, grüne Bohnen und ein hart gekochtes Ei. Essig und Olivenöl nach Bedarf.
pêssego: Pfirsich
pimenta: Pfeffer
pimento: Paprika
pimentões: Paprikaschoten
piri-piri: Cayennepfeffer; häufig in Verbindung mit Hähnchen, dann als scharfe Marinade
polvos: große Tintenfische. *Polvo recheado* heißen sie, wenn sie mit einer Farce aus Tomaten, Zwiebeln, Ei, Semmelbröseln und Gewürzen gefüllt sind.
porco: Schwein
porco preto: schwarzes Schwein der Alentejo-Region, kräftig im Geschmack
prato: Teller
presunto: geräucherter Schinken
pudim: Pudding
– *flan:* Karamellpudding

Q
queijada: Käsekuchen
queijo: Käse

R
raia: Rochen. Gekocht und mit flüssiger Butter ist er besonders köstlich. Leider nur selten auf der Speisekarte.
recheado: gefüllt
rim: Niere
robalo: Seebarsch
rosbife: Roastbeef

S
sal: Salz
sala de jantar: Speisesaal
salada: Salat
salmão: Lachs
salsicha: Wurst
– *frita:* gebratene Wurst
santola: Seespinne (Krebsart)
recheada: genau genommen eine Seespinne, wir würden es als Krebsart bezeichnen. Gefüllt mit Krebsfleisch, klein gehackten hart gekochten Eiern, mit Petersilie oder frischem Koriander in Wein oder Biersoße.
sapateira: Krebs
sardinha: Sardine
– *grelhadas:* auf dem Holzkohlengrill geröstete Sardinen, die mit Meersalz bestreut zu Salat und frischem Brot gereicht werden
o senhor/a senhora: Kellner/in
serviço: Bedienung
sobremesa: Nachtisch
sopa: Suppe
sopa à alentejana: Knoblauchsuppe mit eingeweichtem Weißbrot und einem pochierten Ei, garniert mit frischem Koriandergrün
– *de peixe:* Fischsuppe
sumo de laranja: Orangensaft

T
talher: Besteck
tangerina: Mandarine
tarte: Torte
tomilho: Thymian
tosta: Toast
tripas: Kutteln
truta: Forelle

U
uvas: Weintrauben

V
vaca: Rind
– *assada:* Rinderbraten
– *estufada:* Art Gulasch
vinagre: Essig
vinho: Wein
– *branco:* Weißwein
– *maduro:* »reifer« Wein
– *tinto:* Rotwein
– *verde:* »grüner« Wein
vitela: Kalb

Nützliche Adressen und Reiseservice

> **AUF EINEN BLICK**
> **Einwohnerzahl:** ca. 40 000
> **Fläche:** 5000 qkm
> **Religion:** überwiegend katholisch
> **Verwaltungseinheiten:** Hauptstadt der Algarve ist Faro. Es gibt 16 Distrikte (»concelhos«) mit ihren Hauptstädten (»municipios«), denen 84 Gemeinden unterstellt sind.

ANREISE UND ANKUNFT

Mit dem Auto
Die Auto-Route ist mehrere tausend Kilometer lang, etwa Hamburg-Faro: 3200 km. Bedenken Sie bei der Planung, dass neben der reinen Fahrtzeit von ca. drei Tagen auch noch Autobahngebühren in Frankreich und Spanien anfallen, je nach Strecke auch in Portugal.

Wählen Sie für die Anreise die Europastraße 3 durch Belgien, Frankreich, Spanien bis zur Grenze in Badajoz/Elvas. Von Mittelportugal führt Sie Ihr Weg über Évora im Alentejo und dann an die Algarve. Um die lange Autofahrt abzukürzen, können Sie einen **Autoreisezug** benutzen, der von Deutschlands Großstädten nach Avignon, Fréjus/Saint Raphaël und Narbonne fährt. Vor Antritt der Fahrt empfiehlt sich ein Routenplaner im Internet, z. B. www.map24.de

Mit der Bahn
Auch mit der Eisenbahn kann man Portugal erreichen, es dauert allerdings drei Tage. Die schnellste Route geht über Paris; von dort aus gibt es drei Möglichkeiten: Der **Lusitania Express** fährt über Nacht direkt nach Lissabon. Der Hochgeschwindigkeitszug **TGV** endet in Irún, dort steht der **Südexpress** nach Lissabon bereit. Dort steigen Sie um auf ein Fährschiff über den Tejo, um den Anschlusszug (IC – nur mit Platzreservierung) nach Faro zu bekommen.

Mit dem Flugzeug
Der moderne Flughafen von Faro (FAO) ermöglicht jährlich etwa fünf Millionen Passagieren die Ankunft. Von vielen europäischen Destinationen ist Faro ca. drei Flugstunden entfernt. Direkt am Meer, zwischen dem Festland und der Ilha do Faro, rollen die Jets aus. Am günstigsten fliegen Sie (Achtung, frühzeitig buchen!) bei Lowcost-Airlines wie Air Berlin, Hapagfly oder LTU buchen; die Preise variieren nach Saison, Anbieter und Buchungsdatum zwischen 99 und 300 € für den einfachen Flug. Liniendirektflüge gibt es von Frankfurt und Düsseldorf. Reiseveranstalter, die sich auf Portugal spezialisiert haben, sind Olimar (Hamburg/Düsseldorf), Orion (München) und TUI (bundesweit); Infos: www.olimar.de/portugal. Flughafeninfos: Aeroporto de Faro; Tel. 2 89 80 08 00; moderner Airport mit allen Facilitäten.

Vom Flughafen zum Urlaubsort
Mit **Flughafen-Shuttles** (Portimar) kostet die Strecke Faro–Albufeira etwa 45 €. **Mietwagen**-Agenturen finden Sie in der Ankunftshalle des Flughafens. **Linienbusse** vom Flughafen gehen nur direkt nach Faro. Der Busbahnhof ist neben dem **Bahnhof** von Faro, gleich hinter dem Hotel Eva am Hafen. Von dort fahren Züge durch die Algarve und nach Lissabon. Informationen im Internet unter www.cp.pt

AUSKUNFT

In der Bundesrepublik Deutschland
Portugiesisches Touristikamt
Schäfergasse 17, 60329 Frankfurt/Main;
Tel. 0 18 05/00 49 30, Fax 00 35 1/
2 18/5057 89; www.visitportugal.com

In Österreich
Portugiesisches Tourismusamt
Opernring 1, 1010 Wien;
Tel. 01/5 85 44 50, Fax 5 85 44 45

Auf einen Blick – Buchtipps

**In der Schweiz
Portugiesisches Tourismusamt**
Zeltweg 15, 8032 Zürich;
Tel. 0 44/2 68 87 68; E-Mail: icep@icep.ch

**In Portugal
Região de Turismo do Algarve
(Hauptsitz)**
Av. 5 de Outubro 18, 8001–902 Faro;
Tel. 2 89/80 04 03; www.visitalgarve.pt

BANKEN

Geöffnet Mo–Fr 8.30–15 Uhr. Zum Wechseln von Reiseschecks benötigt man einen Ausweis. Der **Wechselschalter** heißt »câmbios«. Die Flughafenbank wechselt auch am Wochenende bis 20 Uhr. **Geldautomaten** (»multibanco«) stehen 24 Std. an nahezu jeder Bank bereit.

BEHINDERTE

In Portugal wird zunehmend auf behindertenfreundliche Nutzung öffentlicher Bauten Rücksicht genommen. Karl von Gierke hat einen gut organisierten Service aufgebaut, um Behinderten einen unbeschwerten Urlaub schon ab Ankunft zu ermöglichen. Der Flughafen von Faro ist mit extrabreiten Zufahrten und rollstuhlgerechten Toiletten ausgestattet.
www.karl-von-gierke.de;
Mobil 91/96 44 67 oder Fax 2 89/84 21 88

BUCHTIPPS

**Schneider, Reinhold: Portugal
(insel taschenbuch 2889 von 2003)**
Bezaubernd geschriebenes Reisebuch. Der Autor erzählt in bildhafter Sprache über seinen frühen Besuch (1928) und wie er nach 25 Jahren zurückkehrt. Tolle Portugalstudie.
Primeiras Leituras/Erste portugiesische Lesestücke (dtv; 2003)
Portugalfreunden, die sich für die Sprache interessieren, sei dieses zweisprachige Büchlein ans Herz gelegt. Texte und Gedichte, leicht verständlich, über »saudade«, Maurenvergangenheit und allerlei mehr.
Eckhart Nickel: Gebrauchsanweisung für Portugal (Piper, 2003)
Kurzweilig beschreibt der Autor Eigenheiten der Portugiesen, die ihm auf seinen Reisen begegnet sind.

Große Portugiesische Schriftsteller: Nobelpreisträger **José Saramago** und **António Lobo Antunes** gelten als die herausragendsten zeitgenössi-

Maisernte in Monchique – Landwirtschaft spielt in dem Bergstädtchen nach wie vor eine wichtige Rolle.

schen Autoren. Saramago schreibt episch, Lobo Antunes satirisch-schonungslos. Wer es klassisch möchte: **Luís de Camões** schrieb im 16. Jh. das nationale Heiligtum »os lusiadas«, das sich poetisch mit dem Entdeckertum Portugals auseinandersetzt.

CAMPING

Die meisten Campingplätze (»parque de campismo«) sind modern. Wildes Campen ist verboten. Einen Campingführer (»guia campista«) gibts beim Portugiesischen Fremdenverkehrsamt (→ S. 106) oder im Internet unter www.fcmportugal.com.

DIPLOMATISCHE VERTRETUNGEN

Botschaft der Bundesrepublik Deutschland
Campo dos Mártires da Pátria 38,
1169 Lisboa; Tel. 21/8 81 02 10, Fax 8 81 02 61; www.embaixada-alemanha.pt

Honorarkonsulat der Bundesrepublik Deutschland
⇢ Umschlagkarte hinten, a 4
Urb. Infante Dom Henrique, Lote 11, Faro; Tel. 2 89/80 31 81, Fax 80 13 46; Mo–Fr 9–12 Uhr; www.honorarkonsul-faro.de

Nebenkosten in Euro
1 Bica (Espresso) .... ab 0,70
1 Galão (Milchkaffee) ca. 1,50
1 Cola .... ca. 1,50
1 Weißbrot............... ca. 0,80
1 Schachtel Zigaretten .... ca. 2,50
1 Liter Benzin .... ca. 1,30
Fahrt mit öffentl. Verkehrsmitteln (Einzelfahrt) .... ca. 0,50
Mietwagen/Tag .... ab 25,00

Stand: März 2006

Österreichische Botschaft
Avenida Infante Santo, Nr. 43/4°,
1399-046 Lissabon;
Tel. 2 13/95 82 20, Fax 3 95 82 24;
E-Mail: lissabon-ob@bmaa.gv.at

Honorarkonsulat Österreich
Borda da Água, Praia da Oúra/Albufeira;
Tel. 2 89/51 09 00, Fax 51 09 99;
E-Mail: consulaustria@hotmail.com;
Mo–Fr 10–13 Uhr

Schweizer Botschaft
Travessa do Jardim 17, 1350-185 Lisboa;
Tel. 2/13 94 40 90, Fax 3 95 59 45;
E-Mail: vertretung@lis.rep.admin.ch

FEIERTAGE

1. Jan.	Ano Novo, (Neujahr)
März	Páscoa, (Ostern)
25. April	Dia da Liberdade (Nelkenrevolution)
1. Mai	Dia Internacional do Trabalhador (Tag der Arbeiter)
Mai	Corpo de Deus (Fronleichnam)
10. Juni	Dia de Portugal, dem Dichter Camões gewidmet
15. Aug.	Assunção da Nossa Senhora (Mariä Himmelfahrt)
5. Okt.	Dia da República
1. Nov.	Todos-os-Santos (Allerheiligen)
1. Dez.	Restauração Portuguesa, Tag der Restauration Portugals (1640 war das Ende der Personalunion mit Spanien)
8. Dez.	Imaculada Conceição da Nossa Senhora (Mariä Unbefleckte Empfängnis)
25. Dez.	Natal (Weihnachten)

FERNSEHEN

Dass in Portugal das Fernsehen zum Alltag gehört, erkennt man am Dauerflimmern in Restaurants und Bars. Das portugiesische TV hat vier Programme (RTP 1+2, TVI, SIC), meist übertragen diese Fußball und sonstige Sportveranstaltungen, die beliebten Telenovelas und News. Ausländische Filme werden im Original mit Untertiteln gesendet. Deutsche Sender können allerorten via Satellit empfangen werden.

FKK
Nacktbaden ist nur selten erlaubt; halten Sie sich an Verbotsschilder! Geduldete FKK-Strände gibt es an der Praia da Galé (Albufeira), auf der Insel von Tavira und in Odeceixe.

Fotografieren
Analog-Fotografen bringen ihre Filme mit; es gibt an jeder Ecke Expressentwicklungsdienste. Zubehör für Digitalkameras gibt es in den großen Einkaufszentren; im »Algarve Shopping« bei Albufeira haben drei hochmoderne Technikkaufhäuser Equipment aller bekannten Kameramarken parat.

Geld
Portugals frühere Währung Escudo wurde 2002 vom Euro abgelöst. Die portugiesischen Euromünzen zeigen ein königliches Wappen, umrahmt von sieben Schlössern und fünf Wappen. Nicht zuletzt durch den komplizierten Umrechnungsfaktor sind viele Preise des täglichen Lebens in die Höhe geschnellt. Das Bezahlen mit Karten jeglicher Art ist Alltag, die gängigsten Kreditkarten sind Visa, American Express, Diners und Europay/Mastercard. Notrufnummern bei Verlust der Kreditkarte: Visa Tel. 8 00 81 11 07; Mastercard: Tel. 8 00 81 12 72. Multibanco-Geldautomaten sind sehr verbreitet.

Internet
Portugal gibt sich modern. Für viele, vor allem junge Bürger gehört das Internet zum Alltag. Verkehrsinformationen jeglicher Art lassen sich bequem online abfragen, sogar Fahrscheine bekommt man aus dem Netz. Internet-Cafés gibt es in touristischen Orten; der portugiesische Staat finanziert sogar städtische Einrichtungen mit gratis Internet-Nutzung.

Die besten Internet-Adressen für deutschsprachige Touristen:
www.algarve-live.de
Deutschsprachige, übersichtliche Seite mit umfangreichen Infos über die Region, Anschluss an ein gutes Portugalforum: **www.portugalforum.de**
www.algarve-portal.com/de
Info-Portal mit vielen Adressen auch für Golfer und Geschäftsreisende.
www.entdecken-sie-algarve.de
Online-Ausgabe der Zeitschrift »Entdecken Sie Algarve«, die es in vielen Kiosken der Region zu kaufen gibt. Viele Insidertipps, Kulturtipps.

Jugendherbergen
Allgemeine Auskünfte
Deutsches Jugendherbergswerk
Bismarckstr. 8, Postfach 1462,
32704 Detmold; Tel. 0 52 31/7 40 10

Associação Portuguesa de Pousadas da Juventude
Rua Andrade Corvo 46, 1000 Lisboa;
Tel. 21/4 42 31 85

Centro de Informação da Juventude
⤳ Umschlagkarte hinten, d 5
Rua da PSP, 8000 Faro;
Tel. 2 89/80 36 56

Kleidung
Selbst in erstklassigen Hotels können Sie sich in leger-gepflegter Kleidung bewegen. Für Golfplätze gilt die übliche Etikette. An Sommerabenden ist es oft kühler, dann ist man mit Pullover oder Strickjacke gut beraten. Für Kirchenbesuche ist Strandkleidung nicht angebracht. Da es im Winter regnerisch ist und Heizungen eher selten sind, empfiehlt sich etwas wärmere Kleidung, etwa Wollpullover und feste Schuhe.

Medizinische Versorgung
»Urgência«, die **Notfallaufnahme**, ist rund um die Uhr einsatzbereit.

Alle Notfälle (Ambulanz, Feuerwehr, Polizei, Notarzt) sind über die Telefonnummer **1 12** zu erreichen.

Inzwischen praktizieren internationale Ärzte mit moderner Praxisausstattung an der gesamten Algarve.

Distrikt-Hospital Faro
⸺⋟ Umschlagkarte hinten, d 1
Rua Leão Penedo;
Tel. 2 89/80 34 11/15/18

Albufeira International Health Center
Clioura; Av. Infante D. Henrique 7, Areias de São João; Tel. 2 89/58 70 00 (24-Std-Bereitschaftsdienst, medizinisch/dental)

German Clinic Carvoeiro
⸺⋟ S. 117, F 3
Dr. Großklaus, Dr. Slotty, Dr. Kurtin; Rua do Barranco 2, Carvoeiro; Tel. 2 82/35 63 39, Mobil 96/2 61 85 88

Distrikt-Hospital Lagos ⸺⋟ S. 41, c 3
R. Castelo Governadors, Lagos; Tel. 2 82/76 30 34, Fax 76 28 04/6

Apotheken heißen »farmácia«. Öffnungszeiten: 9–13 und 15–19 Uhr. Nacht- und Sonntagsdienst wird im Fenster angezeigt.

Museen
Wenn nicht anders angegeben, sind Museen Di von 14–18 und Mi–Sa 10–18 Uhr geöffnet. Montags ist Ruhetag. Auch an Feiertagen bleiben viele Museen geschlossen.

Musik
Im **Fado**, dem kraftvollen, urportugiesischen Lied, liegt Portugals ganze Gefühlswelt. Kein Laut ist im Publikum während des Vortrages zu hören. »saudade«, eine Art unbeschreiblicher, ewiger Sehnsucht, löst eine Welle der Melancholie aus, gehört aber untrennbar zum Fado. Für Außenstehende ist diese Passion schwer zu verstehen. **Mariza** ist die wohl jüngste und modernste Fado-Interpretin. Andere Musikstile wie Brasilianisches machen gute Laune oder lassen eine sanfte Traurigkeit entstehen. Und die gefühlvollen »schwarzen« Klänge von **Cesária Évora** von den Kapverden sind etwas ganz Persönliches. Im Süden, besonders an der Algarve, sind oft fröhlichere Klänge zu hören. **Iris** ist Algarves beliebteste Rock- und Popband, und die Rockband **Xutos e Pontapés** steht seit 20 Jahren in den Hitlisten. Junge Portugiesen sind, wie alle anderen Jugendlichen der Welt, modernem Sound à la MTV verfallen.

Notruf
Polizei, Ambulanz und Feuerwehr
Tel. 1 12 (kostenlos)

Polizei
Die Exekutive ist in Portugal in verschiedene Bereiche eingeteilt, je nach Region variiert die Zuständigkeit. Neben den Polizeieinheiten GNR und PSP, die für Ordnungsdienste (Verkehr, Diebstahl etc.) sorgen, gibt es die Wasserschutz- und Kriminalpolizei. Bei Notfällen empfiehlt sich immer die **kostenlose Hotline 112**.

Post
Postämter heißen »correio« oder **CCT**. **Briefe** in Richtung Europa sind normalfrankiert ca. vier Tage unterwegs, mit »correio azul« (blauer Briefkasten) geht es schneller und kostet nicht viel mehr. Fast alle Ämter haben **Telefax**. Die Postämter am Flughafen in Faro und in größeren Städten haben auch Samstags geöffnet. **Briefmarken** (»selos«) erhält man in Hotels, Cafés und an Automaten. Anfang 2006 kostete ein Brief oder eine Postkarte innerhalb Portugals 0,30 €, innerhalb Europas 0,57 €. Eilpost erledigen Sie mit »correio azul« (1,75 €) oder »correio azul prime« (4 €).
Länderauszeichnungen
Deutschland – Alemanha;
Österreich – Austria;
Schweiz – Suiça.
Postlagernde Sendungen (»posta restante«) sind an das entsprechen-

de Postamt zu schicken. Ausweis nicht vergessen! Die Post finden Sie im Internet unter www.ctt.pt.

REISEDOKUMENTE

Sie benötigen zur Einreise einen gültigen Personalausweis oder Pass. An den Grenzen wird meistens nicht mehr kontrolliert (Schengener Abkommen).

REISEKNIGGE

Das portugiesische Nationalhobby heißt Picknicken. Kein Wald zu groß, kein Park zu klein, überall findet sich ein Platz fürs Großfamilien-Picknick. Wer es den Portugiesen gleichtun will, möge beachten, dass Feuermachen aufgrund der Waldbrandgefahr streng verboten ist.

Auch **glühende Zigarettenkippen wegwerfen** kann schnell zum nationalen Notstand ausarten. **Also höchste Vorsicht bei trockener Hitze!**

Bitte entsorgen Sie Ihren Müll nicht irgendwo, sondern in den dafür vorgesehenen **Abfallbehältern**. Die finden Sie wirklich überall, da in Portugal großer Wert auf Sauberkeit gelegt wird.

Für Kirchbesucher gilt hier zwar kein Kopftuchzwang, auch kurze Hosen sind genehm, jedoch nehmen Sie aus Respekt die Mütze ab, und tragen Sie Kleidung, die Sie auch zum Shopping vorziehen würden.

Trinkgeldgeben erfreut jeden zuvorkommenden Kellner und gehört zum guten Ton.

REISEWETTER

Die Algarve hat subtropisches Klima: heiße Sommer mit angenehm kühlen Nächten. Tagestemperatur im Winter um 18 Grad, nachts bis etwa 5 Grad. Besonders schön ist der Mai. Dann blüht und duftet die Algarve, und das Thermometer zeigt noch angenehme Grade an. Im Juli, August und September kann es recht heiß werden. Die Strände sind dann gut gefüllt, zu den Feriengästen aus ganz Europa gesellen sich die portugiesischen Urlauber. Viele Betriebe nutzen die Augusthitze für eine Pause. Im Oktober, wenn der ersehnte Regen gefallen ist, wird es wieder mild. Dann beginnt sich die Natur zu regenerieren, und der Staub des afrikanisch anmutenden Sommers wird abgewaschen. Der Dezember ist meist klar und sonnig. November und Februar können sehr feucht und windig sein.

Entfernungen (in km) zwischen wichtigen Urlaubsorten

	Albufeira	Alcoutim	Faro	Lagos	Loulé	Monchique	Portimão	Sagres	Salir	Tavira
Albufeira	–	114	37	46	25	56	29	79	39	60
Alcoutim	114	–	87	160	88	153	151	194	80	65
Faro	37	87	–	82	16	87	60	106	30	30
Lagos	46	160	82	–	64	43	17	34	75	98
Loulé	25	88	16	64	–	72	47	94	14	36
Monchique	56	153	87	43	72	–	27	77	70	106
Portimão	29	151	60	17	47	27	–	51	59	82
Sagres	79	194	106	34	94	77	51	–	101	129
Salir	39	80	30	75	14	70	59	101	–	60
Tavira	60	65	30	98	36	106	82	129	60	–

Religion

Portugal ist ein katholisches Land, wobei im Norden der Glaube offensichtlich mehr praktiziert wird als im Süden. Die Messen an der Algarve werden gewöhnlich von Frauen besucht, während ihre Männer sich vor der Kirche mit anderen Männern zum Klönen treffen. In Vale do Judeu (zwischen Albufeira und Almancil) wird jeden Sonntag ein ökumenischer Gottesdienst abgehalten. Carvoeiro hat einen deutschen protestantischen Pastor, der sonntags um 18 Uhr in der Kapelle über dem Meer predigt.

Sprache

Die portugiesische Sprache hat viele Nasal- und Zischlaute, deshalb klingt sie für manche Ohren wie polnisch oder russisch. Der Klangcharakter ist eher weich und melodisch ohne die harten Konsonantenhäufungen wie im Spanischen. Oft werden Worte zu Gruppen zusammengezogen, was das Verstehen nicht unbedingt erleichtert. Die Betonung der Wörter liegt gewöhnlich auf der vorletzten Silbe. Abweichende Tonstellen bekommen ein Akzentzeichen. Wortschatz und Grammatik stammen überwiegend aus dem Lateinischen; es sind aber auch relativ viele arabische Wörter in den Sprachgebrauch eingeflossen.

Ein Wort noch zur Schreibweise: Uns ist bewusst, dass »Algarve« im Portugiesischen einen männlichen Artikel hat, es korrekterweise in der deutschen Übersetzung also »der Algarve« heißen müßte. Allerdings ist in unserer Alltagssprache »die Algarve« mittlerweile so geläufig geworden, dass wir uns entschieden haben, die eingebürgerte weibliche Form zu übernehmen, da wir glauben, bei der Mehrzahl der Leser so am wenigsten Irritationen hervorzurufen.

Stromspannung

Steckdosen nach EU-Norm, Spannung: 220/240 Volt

Telefon

Wer kein Mobiltelefon dabei hat, findet öffentliche, meist bargeldlose Telefone mit dem Zeichen »correio«/**CTT** in Postämtern, Hotels, Cafés. Die Kennzeichnung »internacionais« steht für Auslandsgespräche. Sie benötigen eine **credifon**-Karte, erhältlich für ca. 5 € bei der Post und am Kiosk.

R-Gespräche (»collected calls«) können unter 0 90 oder im Direktdienst 8 00/8 00-4 90 (Deutschland) und 800/28 78 74 21 (Österreich) an-

São Lourenço dos Matos ist ein Juwel der portugiesischen Kirchenkunst – seine wundervoll bemalten blau-weißen »azulejos« fesseln den Blick unmittelbar.

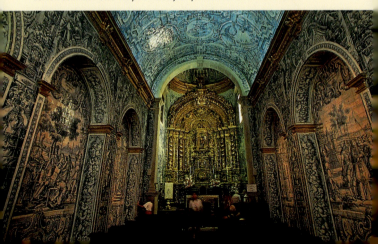

gemeldet werden, auch von öffentlichen Fernsprechern.

Portugal ist eines der Länder mit der höchsten **Mobiltelefonbenutzung**. Das Funknetz ist gut ausgebaut. Sie benötigen ein Dualband-Handy, wenn Sie in die Heimat telefonieren möchten. Enorme Einsparungen bringen Prepaid-Karten. Diese beinhalten eine portugiesische Vorwahlnummer und Telefonate im Wert der Karte (10 €, 25 €). Erhältlich sind sie in einem der vielen Telecom-Shops (Vodafone u. a.).

Vorwahlen
D, A, CH → Portugal: 0 03 51
Portugal → D 00 49
Portugal → A 00 43
Portugal → CH 00 41

Inlandsgespräche
An der Algarve gibt es drei Vorwahlnummern, die auch innerhalb des Gebietes mitgewählt werden müssen!
Westlich von Albufeira: 2 82
Von Albufeira bis Fuseta: 2 89
Östlich von Fuseta: 2 81
Vorwahl für Lissabon: 21
Telefonauskunft Inland: 1 18
Ausland: 0 98
  Gespräche zwischen 21 und 8 Uhr am Wochenende und an Feiertagen sind billiger!

TRINKGELD
Grundsätzlich ist es im Preis enthalten (»VAT incluido«). Trotzdem machen Sie den Angestellten eine große Freude, wenn Sie etwa 10 % des Rechnungsbetrags auf dem Tisch hinterlassen; vorausgesetzt, Sie wurden zuvorkommend bedient.

VERKEHRSMITTEL UND
VERKEHRSVERBINDUNGEN
Autofahren
Die südlichste Region Portugals besitzt ein modernes Streckennetz. Die neue Algarve-Autobahn E 1 (IP 1) wird laufend ausgebaut, die Strecke Lagos–Albufeira–Faro–Spanien ist durchgehend befahrbar. Portugiesen gelten als risikofreudige Fahrer. Gepaart mit der übervorsichtigen Fahrweise mancher Touristen führt dies besonders auf der N 125, Hauptverkehrsader zwischen Spanien und dem südwestlichen Landesende, zu Verkehrsunfällen. Deshalb befinden sich dort Straßenschilder mit der Aufschrift »tolerança zero«, also unbedingt die Gebote einhalten, hier gibt es Radarkontrollen. Auch sonst ist die Polizei wachsam – es gilt Anschnallpflicht, und die Promille-Grenze liegt bei 0,5! Das Mobiltelefonieren während der Autofahrt ist ebenfalls in Portugal streng verboten und wird strafrechtlich verfolgt.

Bei Dunkelheit ist erhöhte Vorsicht geboten; man übersieht leicht schlecht beleuchtete Mopeds und Fahrräder (selten Helm/Beleuchtung) und Fußgänger am Straßenrand.

Nutzen Sie in den Städten zentrale **Parkplätze** (Parkscheinautomaten). Die eifrigen Polizisten greifen gern zum Strafzettel oder rufen gar den Abschleppdienst.

Busse
Das öffentliche Busverkehrsnetz ist ausgezeichnet. Die »rodoviária nacional« fährt bis ins letzte Dorf. Die Haltestellen heißen »paragem«; Sie können den nächsten Halt per Klingel im Bus erbitten. Die Fahrzeuge sind modern und Tickets günstig. Bei Lösung einer Zehnerkarte (»dez modulos«) sparen Sie erheblich. Für 22,20 € (Stand: 01/2006) lohnt ein **Touristenpass** (»Passe Túristico«). Damit lässt sich bequem innerhalb drei Tagen die komplette Algarve »erfahren«.

Der zentrale Busbahnhof liegt in Faro hinter dem Eva-Hotel am Hafen. Von dort werden Direktfahrten nach Lissabon (4 Std.) in luxuriösen Bussen (»expresso« oder »rápido«) angeboten. Abfahrten in Lagos: Rossio São João; in Portimão: Alto dos Caliços.

Infos zu Routen und aktuelle Fahrpläne im Internet: **www.eva-bus.net**

Mit der **Bahn** die Algarve zu durchqueren ist eine Alternative für Geduldige – die Züge sind langsam und die Bahnhöfe (»estação«) liegen selten zentral. Nach Lissabon kommt man ebenfalls schneller mit dem **Bus**.

Fahrräder
In jedem größeren Ort an der Küste gibt es Fahrrad-Verleihe. Radfahren sollte man allerdings nur außerhalb der heißen Sommermonate. Nur besonders Hartgesottene fahren dann Fahrrad – die Liebe zum Radsport kommt fast gleich nach Fußball in der Bevölkerung, und die bekanntesten Radrennen finden entlang der Algarveküste statt – im Hochsommer!

Mietwagen
Verleihfirmen gibt es reichlich, es ist sinnvoll, das Auto bereits beim Buchen des Fluges zu mieten (Fly & Drive). Mietbedingungen: Mindestalter 21 Jahre; Euro-Führerschein, Personalausweis. Auch kleinere Mietfirmen lohnen den Vergleich, die Tarife sind je nach Buchungsdatum und Agentur sehr unterschiedlich. Achten Sie auf niedrige Selbstbeteiligung, ein kleiner Kratzer kann sonst teuer werden! Für Gruppenreisen empfiehlt sich ein **Kleinbus** oder **Minivan**.

Taxis
Taxis (schwarz-türkis und beige) haben Standardpreise: Die Anfahrt kostet 0,75 €; danach wird nach gefahrenen Kilometern berechnet. Obligatorisch ist ein Trinkgeld durch Aufrunden des Betrages. Die Tarife sind relativ günstig, sie sind durchaus für gelegentliche Fahrten zu empfehlen. Rundreisen sind nicht an Tarife gebunden, über den Preis lässt sich gut mit dem Fahrer verhandeln.

Wirtschaft
Portugal exportiert Portwein, Kork, Fischkonserven, Lederwaren, Textilien und Autos. Nach dem VW Sharan und Schwestermodellen hat das Werk in Setúbal den Zuschlag für ein weiteres VW-Modell erhalten. Muschel-, Austern- und Fischfarmen sind Teil eines subventionierten Innovationsprogramms für die Algarve, wobei Portugal selbst der beste Abnehmer ist. Die **Ria Formosa** ist einer der größten Feuchtbiotope Europas und unter Naturschutz gestellt. Hier befinden sich die meisten Zuchtbetriebe der Algarve. Statistisch verzehrt jeder Portugiese 60 kg Fisch im Jahr; das ist mehr, als jede andere europäische Nation schafft. Fischer beklagen sich über die zu engmaschigen Netze der spanischen Kollegen, wodurch der Fischnachwuchs drastisch vermindert wird und der Fang immer geringer ausfällt. Der für die Region früher enorm wichtige Tunfisch hat heute kein Vorkommen mehr. Ein anderer Hoffnungsträger für den Süden Portugals ist die Weinproduktion des Alentejo, neuerdings auch der Algarve. Mit ausländischem Know-how hat eine neue Winzergeneration exzellente Ergebnisse erzielt, die auf dem internationalen Markt bestehen können.

Zeit
Die Zeitdifferenz zu Deutschland und fast ganz Europa beträgt ganzjährig minus eine Stunde (GMT/GMT+1). Wenn in Portugal die Uhren 8 Uhr anzeigen, ist es in Deutschland bereits 9 Uhr. Das muss man auch bedenken, wenn man einen Abstecher ins spanische Andalusien machen möchte, zumal Geschäfte dort bis 17 Uhr ihre Siesta abhalten.

Zoll
Für Portugal sind, wie für die anderen Mitgliedsländer der Europäischen Union, die Einfuhrbeschränkungen innerhalb der EU entfallen. Für Schweizer Bürger sowie für den Duty-free-Einkauf gelten folgende Mengenbeschränkungen: 2 l Wein, 1 l Spirituosen, 200 Zigaretten oder 50 Zigarren, Souvenirs im Gesamtwert bis 175 €.

Kartenatlas

Orientierung leicht gemacht: mit Planquadraten und allen Orten und Sehenswürdigkeiten.

Legende

Routen und Touren
- Luxuskreuzfahrt entlang der Küste (S. 88)
- Bootsfahrt auf dem Rio Guadiana (S. 90)
- Rio Arade von Portimão bis Silves (S. 91)
- Stippvisite im Osten (S. 94)
- Am Cabo de São Vicente (S. 95)

Sehenswürdigkeiten
- MERIAN-TopTen
- MERIAN-Tipp
- Sehenswürdigkeit, öffentl. Gebäude
- Sehenswürdigkeit Kultur
- Sehenswürdigkeit Natur
- Kirche; Kloster

Sehenswürdigkeiten ff.
- Schloss, Burg
- Museum
- Denkmal
- Leuchtturm; Windmühle
- Archäologische Stätte
- Höhle

Verkehr
- Autobahn
- Autobahnähnliche Straße
- Fernverkehrsstraße
- Hauptstraße
- Nebenstraße
- Unbefestigte Straße, Weg
- Parkmöglichkeit

Verkehr ff.
- Busbahnhof
- Bahnhof
- Flughafen
- Flugplatz

Sonstiges
- Information
- Theater
- Markt
- Botschaft, Konsulat
- Golfplatz
- Camping
- Strand
- Aussichtspunkt
- Friedhof
- Naturparkgrenze

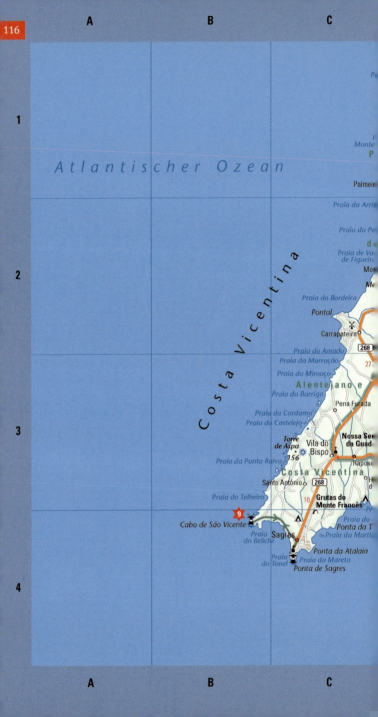

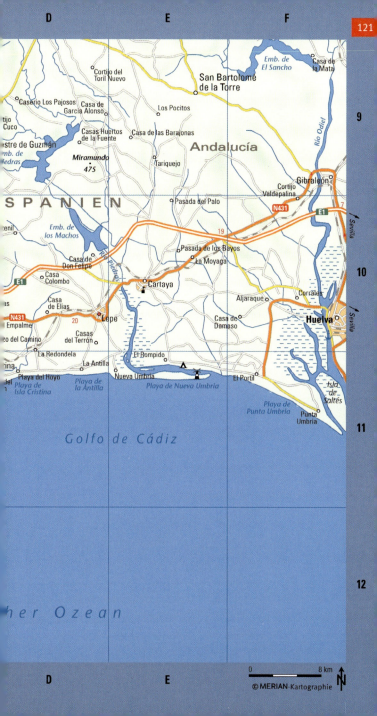

Kartenregister

A
Abelheira 118, B6
Abutareira 117, E1
Águas de Tábuas 119, F6
Águas dos Fusos 120, A10
Águas Frias 118, C6
Aivados e Fontes 118, B6
Albufeira 118, B7
Alcalar 117, E2
Alcantarilha 118, A7
Alcaria 118, C6
Alcaria 120, A10
Alcaria 120, A9
Alcaria 120, B10
Alcaria Alta 120, A9
Alcaria Queimada 120, A9
Alcarias 120, B10
Alcorvel 119, F6
Alcoutim 120, B9
Aldeia de Tor 119, D7
Aldeia dos Matos 118, B7
Alfanzina 118, A7
Alfeição 119, D7
Alferce 117, F1
Alfontes 118, C7
Alganduro 119, D6
Algar Seco 118, A7
Algóz 118, B7
Aljaraque 121, F10
Aljezur 117, D1
Almada de Ouro 120, C10
Almádena 117, D3
Almancil 119, D7
Almarginho 119, F6
Almarjao 118, A6
Alportel 119, E7
Alpouvar 118, B7
Alte 118, C6
Alto da Cerca 117, E3
Alto Fica 118, C6
Altura 120, B11
Alvor 117, F3
Amarela 118, C6
Amaro Gonçalves 119, F7
Ameixial 119, E5
Amendoeira 119, E7
Amendoeira 119, F6
Amoreira 118, B7
Amoreira 119, F5
Amorosa 118, B6
Apra 119, D7
Arão 117, E2
Areeiro 118, C6
Areeiro 119, D7
Areias 119, F8
Armação de Pêra 118, A7
Aroeira 120, B11
Arrifana 116, C2
Arrisada 119, F5
Arrochela 118, A7
Arroios 120, A11
Assumadas 118, B7
Assumadas 119, D7
Ayamonte 120, C10
Azia 117, D1
Azinhal 118, C6
Azinhal 119, D5
Azinhal 119, D6
Azinhal 119, F5
Azinhal 120, B10
Azinheiro 119, E7
Azinhosa 119, F6

B
Baião 118, B5
Balurco 120, B9
Barão de São João 117, D3
Barão de São Miguel 117, D3
Barracão 117, F2
Barrada 119, F5
Barrancão 117, D3
Barranco da Vaca 117, D2
Barranco do Carriçal 117, E2
Barranco Longo 118, B6
Barranco Velho 119, E6

Barrigões 119, D6
Barrocal 118, B6
Bela Romão 119, F8
Belém 117, F1
Beliche 120, B10
Beliche do Cerro 120, A10
Belmonte 119, E8
Belmonte 119, F7
Benafim Grande 118, C6
Benatrite 119, E7
Bensafrim 117, D3
Besteiro 117, E1
Besteiros 119, D6
Bestiros 119, E5
Bias do Sul 119, F8
Boi 119, E5
Boliqueime 118, C7
Bordeira 116, C2
Bordeira 119, E7
Botelhas 120, B10
Boucinhos 117, E1
Braciais 119, E8
Brancanes 119, E8
Branqueira 118, B7
Brito 118, C6
Brunheira 118, C5
Budens 117, D3
Bunheira 117, D1
Burgau 117, D3

C
Cabaça 119, D6
Cabaços 120, A10
Cabanas 119, F6
Cabanas 120, A11
Cabeça Gorda 120, A10
Cabeço 120, B10
Cacela Velha 120, B11
Cachopo 119, E6
Caldas de Monchique 117, F2
Calvos 118, B6
Campana 120, A11
Campeiros 120, A10
Campina 119, F7
Canela 120, C11
Cansados 119, D5
Carne Cerva 119, F6
Carrapateira 116, C3
Carrapateira 120, B10
Carrascalinho 117, D1
Carrasqueiro 118, B6
Cartaya 121, E10
Carvalhal 119, E7
Carvalho 117, F1
Carvoeiro 117, F3
Casa Colombo 121, D10
Casa de Damaso 121, F10
Casa de Don Felipe 121, D10
Casa de Elias 121, D10
Casa de Garcia Alonso 121, D9
Casa de la Pericona 120, C9
Casa de los Lanchas 120, C9
Casa de la Mata 121, F9
Casa de las Barajonas 121, E9
Casa de Ruiz Martín 120, C9
Casa Queimada 118, A6
Casas Baixas 119, F5
Casas da Senhora do Verde 117, F2
Casas de la Parra 120, C9
Casas del Medico 120, C11
Casas del Terrón 121, D10
Casas Esparteros 120, C10
Casas Huertos de la Fuente 121, D9
Caseis 117, E2
Caserio La Barra 120, C11
Caserio Los Pajosos 121, D9
Castelhanos 120, B10
Castro Marim 120, C10
Causino 118, A5
Cavalos 119, E6
Centenil 121, D10
Cerca 118, C7

Cerca dos Pomares 117, D1
Ceróis 119, F6
Cerro 118, C6
Cerro 118, C7
Cerro 119, F6
Cerro da Vinha 120, A9
Cerro de 119, D6
Cerro do Anho 120, B10
Cerro do Ouro 118, B7
Chã da Casinha 117, E1
Chabouco 117, D2
Chão das Donas 117, F3
Charneca da Velha 118, B6
Chilrão 117, E1
Choça Queimada 120, B10
Cimalhas 117, F1
Cintados 120, A10
Clarianes 119, D7
Colégio 117, E3
Colos 120, A11
Conceição 119, E8
Conceição 120, A11
Corcino 117, E2
Corcitos 119, D6
Corotelo 119, E7
Corrales 121, F10
Corte António Martins 120, B10
Corte da Seda 120, B9
Corte das Donas 120, B9
Corte de Besteiros 120, A10
Corte de Ouro 119, E5
Corte de São Tomé 120, B9
Corte do Cabo 119, D5
Corte Figueira 119, D5
Corte João Marques 119, E5
Corte Neto 119, D6
Corte Paral 118, B5
Corte Serranos 119, F5
Corte Tabelião 120, B9
Cortelha 119, D6
Cortelha 120, B10
Cortiçadas 119, E6
Cortijo Dehesa de los Millares 120, C9
Cortijo del Cuco 121, D9
Cortijo del Toril Nuevo 121, D9
Cortijo Valdepalina 121, F10
Cortinhola 119, D6
Corujos 120, B10
Corvos 119, E5
Corxo 119, F6
Cotifo 117, E2
Cotovio 118, C7
Cotovio 120, A10
Coutada 120, B11
Cova da Muda 119, E6
Cumeada 119, E6
Currais 119, F6
Curral 118, C6
Curvatos 119, D5

D
Desbarate 119, F7
Desbarato 119, E7
Diogo Dias 119, F5
Dogueno 119, D5
Donalda 117, F3

E
Eira da Palma 120, A11
El Empalme 121, D10
El Portil 121, F11
El Romerano 120, C9
El Rompido 121, E11
Embarradoiro 117, E2
Encherim 118, A6
Espargal 118, C6
Espiche 117, D3
Espinhaço de Cão 117, D2
Esteiramantens 119, F7
Estevais 118, B7
Estevais de Moiros 118, C6
Esteval 119, D7
Esteveira 118, C6

Estói 119, E7
Estômbar 117, F3
Estorninhos 120, A10
Estrada 120, A10

F
Falésia 118, C7
Faro 119, E8
Feiteira 119, E6
Ferragudo 117, F3
Ferrarias 118, B7
Ferrarias 119, D7
Ferreiras 119, B7
Ferrel 117, D3
Fialho 119, E5
Figueira 117, D3
Figueirinha 119, E6
Fonte da Matosa 118, A7
Fonte da Murta 119, E7
Fonte de Corcho 119, E6
Fonte do Touro 119, E7
Fonte Ferrenna 117, D1
Fonte Salgada 120, A11
Fonte Zambujo 120, B9
Fontes 117, F3
Fornalha 117, F2
Fornalha 119, D5
Fortes 120, A9
Foupana 119, E7
Foz do Arroio 117, E1
Freixo Seco 119, D6
Funcho 118, A6
Furnazinhas 120, B9
Fuseta 119, F8

G
Gagos 119, D5
Galachos 120, A9
Galé de Cima 117, E1
Garcia 119, F6
Garrobo 119, F6
Gavião de Baixo 118, B6
Gavião de Cima 118, B6
Gião 119, F7
Gibralefón 121, F9
Gil Bordalo 117, F2
Gilvrazino 118, C7
Giraldo 117, E1
Goncinha 119, D7
Grainho 119, F6
Gralhos 117, E1
Gregórios 118, B6
Guia 118, B7

H
Hortas do Tabual 116, C3
Huelva 121, F10

I
Igeja 117, D1
Ilha da Armona 119, F8
Ilha de Tavira 120, A 12
Isla Cristina 121, C11
Isla de Canela 120, C11
Isla del Moral 121, C11

J
Javalis 119, E6
João Andrês 118, C6
Joios 118, A5
Junqueira 120, B10

L
La Antilla 121, D11
La Ermita 121, C10
La Moyaga 121, E10
La Redondela 121, D10
Laborato 119, F5
Ladeira de Cima 117, F1
Lagoa 118, A7
Lagos 117, E3
Lagos 119, E7
Lajes 119, F6
Laranjeiras 120, B9
Laranjeiro 119, F8

Kartenregister

Lentiscais 118, C6
Lepe 121, D10
Lombos 118, A7
Los Pocitos 121, E9
Lotao 119, F5
Loulé 119, D7
Luz 117, D3
Luz de Tavira 120, A11

M
Maçarotal 117, E2
Machados 119, E7
Mafrade 120, A9
Magoito 120, B10
Malhada de Peres 120, A11
Malhada do Rico 119, F7
Malhado do Judeu 119, F6
Malhão 117, E2
Malhão 118, A7
Malhão 119, D6
Malhão 119, F7
Manta Rota 120, B11
Maragota 119, F7
Marateca 117, E3
Maria Vinagre 117, D1
Marim 120, A9
Marmeleiro 120, B9
Marmelete 117, E1
Marroquil 120, B10
Martim Longo 119, F5
Mato do Santo Espírito 120, A11
Mato Serrão 117, F3
Mealha 119, E5
Medeiros 118, A7
Medronheira 119, D5
Meia Praria 117, E3
Meia Viana 117, F2
Mercador 119, F6
Mesquita 118, B7
Messines de Baixo 118, B6
Mexilhoeira Grande 117, E3
Moimentos 119, D5
Moinho da Rocha 117, F2
Moinho do Bispo 117, E1
Moinho do Sogro 117, E1
Moitinhas 117, F1
Moncarapacho 119, F7
Monchique 117, F1
Monchique 119, F5
Monte 118, C6
Monte 119, E5
Monte Agudo 119, F7
Monte Alto 118, B6
Monte Branco 118, B6
Monte Braneo 119, E5
Monte da Charneca 118, B6
Monte de Baixo Grande 120, A10
Monte Clérigo 116, D1
Monte Francisco 120, B10
Monte Gordo 120, B11
Monte Judeu 117, E3
Monte Negro 119, D8
Monte Novo 117, D1
Monte Novo 117, D2
Monte Novo 117, D2
Monte Ruivo 117, D2
Monte Ruivo 119, B5
Monte Zorros 118, C7
Montes de Cima 117, E2
Montes Grandes 118, A7
Montes Novos 119, E6
Montinho 120, B10
Montinhos da Luz 117, D3
Morenos 119, F7
Morgada da Torre 117, F3
Mosqueira 118, B7

N
Nave 117, F2
Nave do Barão 119, D6
Nave Redonda 118, A5
Nora 118, B6
Nora 120, A10
Nora 120, B11
Norinha 118, A6
Nova 117, D1
Novo 119, E5
Nueva Umbria 121, E11

O
Odeceixe 117, D1
Odeleite 120, B10
Odelouca 117, F2
Odiáxere 117, E3
Olhão 119, E8
Olhos de Agua 118, C7
Oura 118, B7

P
Pacil 117, E1
Paço 119, D6
Paderne 118, C7
Palheirinhos 120, A11
Palmeira 120, B9
Palmeirinha 117, D1
Palmeiros 119, D6
Pampilhas de Baião 118, C5
Paraiso 119, E8
Parizes 119, E6
Pasada de los Bayos 121, E10
Pasada del Palo 121, E10
Passa Frio 119, F6
Patã 118, C7
Patacão 119, D8
Pé da Laderia 118, C5
Pé da Serra 119, D6
Pé do Coelho 118, C6
Pechão 119, E8
Pedralva 116, C3
Pedras del Rei 120, A11
Pedras Juntas 117, F1
Pedreiras 118, B6
Pego Escuro 118, A6
Pena 119, D6
Penina 118, C6
Penteareiros 119, F5
Pêra 118, B7
Peral 119, E7
Pereira 117, E2
Pereiras 118, A5
Pereiras 119, D7
Pereiro 119, F7
Pereiro 120, A9
Perna Seca 118, B5
Pêro Negro 117, E1
Pêro Ponto 119, E6
Pêro Queimado 116, C3
Peso 117, F1
Pessegueiro 119, E5
Piçarral 120, C10
Picota 118, C7
Pincho 117, D2
Pinhal 118, C7
Pinheiro 119, E8
Pirra 117, F3
Playa del Hoyo 121, D11
Pocinho 120, B11
Poço da Amoreira 119, D7
Poço Fundo 118, A7
Poio 117, E2
Pomba 117, F1
Ponta da Piedade 117, E3
Porches 118, A7
Portela 117, E1
Portela 119, D5
Portela 119, F6
Portelas 117, E3
Portimão 117, F2
Porto Carvalhoso 119, F7
Porto de Lagos 117, F2
Porto de Mós 117, E3
Pozo del Camino 121, D10
Praia da Arrifana 116, C2
Praia da Gailé 118, B7
Praia da Luz 117, D3
Praia da Rocha 117, F3
Praia de Anção 119, D8
Praia do Castelejo 116, C3
Praia do Castelo 118, B7
Preguiças 120, A9
Puerto Carbón 120, C9
Punta del Caimán 120, C11
Punta Umbria 121, F11
Purgatório 118, B7

Q
Quarteira 118, C7
Quatrim 119, F8
Quatrim do Sul 119, F8
Quelfes 119, F8
Querença 119, D6
Quintã 119, D6
Quinta do Lago 119, D8

R
Ramos 118, B5
Raposeira 116, C3
Reguengo 117, F2
Ribeira Alta 118, B7
Ribeira da Gafa 120, B11
Ribeira das Canas 117, F2
Ribeira de Alte 118, B6
Ribeira de Odelouca 118, C5
Ribeirinha 120, A10
Ribeiro 120, B10
Rio Seco 119, E8
Rio Seco 120, B10
Rocha Brava 118, A7
Rogil 117, D1
Rolhão 117, F2
Romba 119, E5
Romeiras 117, E2
Rua Nova 117, E2
Ruivo 117, E2

S
Sagres 116, C4
Saiceira 117, D1
Salema 117, D3
Salicos 118, A7
Salir 119, D6
Samouqueira 117, D1
San Bartolomé de la Torre 121, E9
San Silvestre de Guzmán 120, C9
Sanlúcar de Guadiana 120, B9
Santa Bárbara de Nexe 119, D7
Santa Catarina da Fonte do Bispo 119, F7
Santa Cruz 119, E5
Santa Justa 119, F5
Santa Luzia 120, A11
Santa Margarida 118, C6
Santa Margarida 120, A11
Santa Rita 120, B11
Santa Susana 118, B5
Santo António 116, C3
Santo Estêvão 119, F7
São Barnabé 118, C5
São Bartolomeu 120, B10
São Bartolomeu de Messines 118, B6
São Brás de Alportel 119, E7
São João da Venda 119, D7
São Lourenço dos Matos 119, D7
São Marcos 120, A11
São Marcos da Serra 118, B5
Sapeira 118, A5
Sargaçal 117, E3
Sarnadas 118, C6
Sarnim 118, B5
Seixosas 118, A7
Sentinela 120, B10
Serominheiro 117, D1
Silveira 118, A5
Silves 118, A6
Sinagoga 120, A11
Sitio das Éguas 119, D6
Soalheira 118, C6
Soalheira 119, D7
Soalheiras 120, B10
Sobradinho 118, C6
Sobreira Formosa 119, D6
Soudes 120, A9

T
Tacões 120, B9
Tafe 120, A10
Taleiros 120, A10
Talurdo 118, A6
Tariquejo 121, E9
Tavagueira 118, B7
Tavilhão 119, D5
Tavira 120, A11
Tesouro 120, A9
Torneiro 120, B9
Torralba 117, F3
Torre 117, E3
Torre 119, E8
Torre de Ares 119, F8
Torrinha 118, B7
Touris 119, D6
Tremelgo 119, F5
Tunes Gare 118, B7

U
Úmbria 119, F7
Úmbrias de Camacho 120, A10

V
Valados 119, D7
Vale Andreu 120, B10
Vale Covo 118, C7
Vale da Mó 119, E8
Vale da Nora das Arvores 117, D1
Vale da Rosa 119, E6
Vale da Rosa 120, A10
Vale da Ursa 118, B7
Vale da Vaca 120, A10
Vale da Vila 118, A6
Vale de Agua 117, D2
Vale de Ebros 120, A10
Vale de Estacas 119, D5
Vale de Hortas 118, C5
Vale de Judeu 118, C7
Vale de Odre 119, F5
Vale de Parra 118, B5
Vale de Pinheiro 120, B9
Vale do Lobo 119, D8
Vale Figueira 118, B6
Vale Formosa 119, D7
Vale Fuzeiros 118, B6
Vale Grou 118, A5
Vales 117, D1
Vales 119, E6
Vales Luis Neto 119, E6
Valongo 120, A11
Valverde 118, B7
Vaqueiros 119, F5
Várzea da Azimheira 120, A10
Velhas 120, A9
Venda Nova 118, A7
Vergilios 119, E8
Vermelhos 119, D5
Vicentes 119, D6
Vicentes 120, B9
Viçoso 120, A9
Vila do Bispo 116, C3
Vila Real de Santo António 120, C11
Vilamoura 118, C7
Vilarinha 116, C2
Villablanca 120, C10
Volla Matías 120, C10

Z
Zambujal 118, C6
Zambujal 120, A9
Zambujeiro 117, E1
Zimbral 120, A11

Orts- und Sachregister

Hier finden Sie alphabetisch aufgeführt alle in diesem Band beschriebenen Orte und Ziele, Routen und Touren. Bei einzelnen Sehenswürdigkeiten steht jeweils der dazugehörige Ort in Klammern, zusätzlich steht die Abkürzung H für Hotel. Außerdem enthält das Register wichtige Stichworte sowie alle MERIAN-TopTen und MERIAN-Tipps dieses Reiseführers. Wird ein Begriff mehrfach aufgeführt, verweist die **fett** gedruckte Zahl auf die Hauptnennung im Band, eine *kursive* Zahl auf ein Foto.

A
A Lanterna (H, Ferragudo) 69
Albergarias 13
Albufeira 28, 53, **55**
Alcalar – Spuren der Vergangenheit (MERIAN-Tipp) 65
Alcoutim 89, 94
Alentejo 21, 89
Algar Seco (Carvoeiro) 67
Algarve (H, Praia da Rocha) 65
Algarve-Stadion (Loulé) 83
Aljezur 9, 25, **79**
Almancil 59
Alte 23, **83**
Alte Hotel (H, Alte) 82
Alto da Lua (H, Aljezur) 79
Alvor 66
Anreise 106
Apartments 13
Apotheken 110
Arabien in Portugal (MERIAN-Spezial) 52
Archäologisches Museum (Silves) 85
Areia 24
Armação de Pêra 61
Armona 27, **45**
Artesanto 18
Auskunft 106
Azulejos (MERIAN-Tipp) **19**, 53, 83

B
Bairro Riberinho (Faro) 8, 39
Ballon Fahren 33
Banken 107
Barlavento 8, 27, 28, 33, **54**, 88
Barranco Velho 94
Barrocal 80
Bartolomeu Dias 9, 98
Behinderte 107
Bela Vista (H, Praia da Rocha) 65
Beliche 28
Bier 16
Bimmelbahn 33, 91
Bowling 33
Brisa Sol (H, Albufeira) 56
Buchtipps 107
Burgau 28, 31, **72**

C
Cabanas 27
Cabo de São Vicente (MERIAN-TopTen, Sagres) 9, 74, **95**
Cacela Velha **50**, 94
Caldas de Monchique (MERIAN-TopTen) 81
Câmara Obscura (Tavira) 35, 47
Camping 13, 70, 75, **108**
Cão de Água 92
Carrapateira 6, **29**, 77
Carvoeiro 28, 30, **67**
Casa Beny (H, Loulé) 82
Casa da Moura (H, Lagos) 69
Casa de São Gonçalo (H, Lagos) 70
Casa Sofia (H, Armação de Pêra) 62
Casabela (H, Ferragudo) 69
Castelejo 29
Castelo Mouro (Aljezur) 79
Castro Marim **50**, 90, 94
Cavaco Silva 99
Centro Cultural de Lagos (Lagos) 70
Centro Cultural São Lourenço (São Lourenço) 63
Cerro da Vila (Vilamoura) 64
Choça 93
Chorino Grotte (Albufeira) 57
Cliff Richard 16, 60, 62
Colina Verde (MERIAN-Tipp, Algóz) 15
Comboio turístico (Tavira) 33, 50
Costa Vicentina 9, 27, 29, 76
Cruz de Portugal (Silves) 85
Culatra 27

D
Delfine 31
Diplomatische Vertretungen 108
Dom Sebastião (Lagos) 71
Dona Ana 4/5

E
Edler Wein von Sir Cliff (MERIAN-Tipp, Guia) 60
Einkaufen 18
Empfehlenswerte Strände 28
Entenmuschel-Festival (MERIAN-Tipp, Aljezur) 79
Erdbeben 55, 78, 90, **98**
Ermida de Nossa Senhora da Conceição (Loulé) 83
Essdolmetscher 102
Essen und Trinken 14, 102
Estalagem da Cegonha (H, Vilamoura) 64
Estalagem Dom Lourenço (H, Monchique) 82
Estói 23, **43**

F
Fábrica do Inglês (Silves) 85, 89, 91
Fado 6, **110**
Falésia (H, Albufeira) 56
Falésia 28
Familientipps – Hits für Kids 32
Faro (H, Faro) 39
Faro 7, **39**, 88
Farol 27
Feiertage 108
Feiras (MERIAN-TopTen) 6, **19**, 23
Ferien auf dem Bauernhof 7, 13
Ferien auf dem Landsitz 13
Ferienhäuser 13
Fernsehen 108
Ferragudo 65, **69**
Festa da Pinha in Estói (MERIAN-TopTen, Estói) 23
Feste und Events 22
Festival da Batata doce e dos Percebes (MERIAN-Tipp, Aljezur) 25, 79
FIESA (Pêra) 24
FKK 108
Flechtarbeiten 20
Flohmärkte 25
Flughafen (Faro) 43
Fóia 93
Fonte das Mentiras (Aljezur) 79

Orts- und Sachregister 125

Fonte de Senhora 93
Fontes de Estómbar 91
Fort (Armação de Pêra) 62
Fotografieren 109
Foz de Odeleite 90
Fuseta 27, **43**
Fußball 29

G
Galerias Municipais de Arte (Faro) 41
Geld 109
Geschäftszeiten 20
Geschichte 98
Gezeitenmühle 92
Gil Eanes 9, **71**
Globo (H, Praia da Rocha) 66
Golf 30, 33
Gralhos 93
Grotten von Ponta da Piedade (MERIAN-TopTen) 28, **71**
Gruta de Santo António 91
Guia (MERIAN-TopTen) 15, **62**

H
Hähnchen-Hauptstadt Guia (MERIAN-TopTen) 15, **62**
Handwerkskunst 19
Heiligenfeste 24
Heilquellen von Caldas de Monchique (MERIAN-TopTen) 81
Heinrich der Seefahrer 9, **69**, 74, **75**, 98
Herdade do Castanheiro (MERIAN-Tipp, Bensafrim) 31
Hochseeangeln 31
Holzstühle 20
Hotel Alvor Praia (H, Alvor) 67
Hotel Apartments Navigator (H, Sagres) 75
Hotels 13

I
Igreja da Nossa Sra. do Carmo (Tavira) 48
Igreja da Nossa Sra. do Rosario (Olhão) 45
Igreja Matriz (Vila do Bispo) 77
Igreja Santo António (Lagos) 72
Igreja São Lourenço dos Matos (São Lourenço) 63
Ilha da Rósario 91
Ilha de Tavira 28

Ilha do Faro (Faro) 40
Inn Bica Boa (H, Monchique) 81
Internationales Musikfestival 23
Internet 109

J
Jorge Sampaio 99
Jugendherbergen 13, **109**

K
Karneval/Mandelblütenfest (MERIAN-TopTen, Loulé) **23**, 82
Karting 33
Keramik 20
Kleidung 109
Kork 20, 85, 91
Korkfabrik (Silves) 91
Korkmuseum (Silves) 85
Kunsthandwerk 20
Kupfer 20

L
Lagos 9, 28, **69**
Lamateira 93
Laranjeiros 89
Lederwaren 21
Leuchtturm (Cabo de São Vicente) 95
Leuchtturm (Sagres) 75
Loulé 6, 23, **82**, 94
Loulé Jardim Hotel (H, Loulé) 82
Luxuskreuzfahrt 88
Luz de Tavira 51

M
Madalena (H, Faro) 39
Mandelblütenfest (MERIAN-TopTen, Loulé) **23**, 82
Manta Rota 27, **51**, 94
Marcello Caetano 99
Marés (H, Tavira) 46
Marina de Albufeira (Albufeira) 57
Mário Soares 99
Markthallen (Olhão) 45
Marmelete 93
Marquès de Pombal 90
Martim Longo 94
Mauren 6, 39, **52**, 55, 64, 78, 85, 89, 98
Maurisches Kastell (Silves) 85
Medizinische Versorgung 109
Mértola 89
Messing 20
Minas dos Mouros **34**, 94

Minigolf 34
Moinho do Pedro (MERIAN-Tipp, Algóz) 13
Moita 93
Mónaco (H, Faro) 39
Monchique 20, 35, **81**
Monte Clérigo 29, **79**
Monte Gordo 94
Monte Velho Nature Resort (H, Carrapateiro) 78
Monto Gordo 51
Mouraria (Faro) 39
Muralha da Cidade (Lagos) 71
Museen 110
Museu e Estação Arqueológica (Vilamoura)
Museu Etnográfico do Traje Algarvio (São Brás de Alportel) 84
Museu Etnografico Regional (Faro) 41
Museu Marítimo Almirante Ramalho Ortigão (Faro) 35, 41
Museu Municipal (Faro) 41
Museu Privado/Sapateria (Alte) 82
Musik 110

N
Nora (Bewässerungssystem) 92
Nossa Senhora da Guadeloupe (Lagos) 69
Nossa Senhora da Rocha (Armação de Pêra) 61
Nossa Senhora do Destero (Monchique) 81
Nossa Senhora do Carmo (Faro) 40
Notruf 110

O
Obelisk (Praia da Luz) 74
Oceano (H, Faro) 39
Odeceixe 29, **79**
Olhão 6, 27, **44**
Oliveira Salazar 99
Omega Parque Monchique (Caldas de Monchique) 35

P
Paço do Governo (Lagos) 71
Palacio da Galería (Tavira) 49
Palácio do Visconde de Estói (Estói) 43
Palast des Grafen von Estói (Estói) 43

Orts- und Sachregister

Parque Zoológico (Lagos) 35
Pé do Frio de Baixo 93
Pedras d'el Rei 27
Pêra 24, 29, 34
Picknicken 8
Pinhal do Sol (H, Quarteira) 63
Polizei 110
Ponta da Bandeira (Lagos) 71
Portimão 28, **65**, 91, 88
Portwein 16
Post 110
Pousada de São Brás de Alportel (H, São Brás de Alportel) 84
Pousada do Infante (H, Sagres) 75
Pousadas 13
Praia da Luz (Lagos) 74
Praia da Rocha (Portimão) 28, *36*, **65**
Praia do Amado (Carrapateiro) 78
Praia do Bordeira (Carrapateiro) 78
Preiswerte Waren 21
Privatzimmer 13
Prozessionen 23, 84
Puerto Carbón 89
Puppen 23

Q
Quarteira 63
Quatras Águas (Tavira) 48
Quinta da Corte (H, Monchique) 81
Quinta da Lua (H, Tavira) 46
Quinta de Matamouros (H, Silves) 91
Quinta do Caracol (H, Tavira) 45
Quinta do Marim 92
Quinta do Rio Country Inn (H, Silves) 85

R
Raposeira 74
Reconquista 53, 85, **98**
Regionale Küche 15
Reisedokumente 111
Reisewetter 111
Reiten 31
Reiten in der Herdade do Castanheiro (MERIAN-Tipp, Bensafrim) 31
Religion 106, **112**
Reserva Natural do Sapal de Castro Marim 94
Residenciais 13

Residencial Horizonte Mar (H, Tavira) 46
Residencial Mirante (H, Tavira) 46
Residencial Princesa do Gilão (H, Tavira) 46
Residencial Santo António (H, São Brás de Alportel) 84
Restaurants 15
Ria Formosa (MERIAN-TopTen) 27, **40**, 48, 88, 92
Ria Park Garden Hotel (H, Vale do Lobo) 60
Rio Arade 69, 85, **91**
Rio Guadiana 27, 51, 89, **90**, 94
Rogil 79
Römische Brücke (Silves) 85
Routen 86, 87, 88, 89, 90, 91, 92, 93, 94, 95
Ruinen von Milreu (MERIAN-TopTen, Estói) 43

S
Sagres 9, 28, **74**, 95
Salema 6, 29, **75**
Salir 23, **84**
Sandalgarve 94
Sandskulpturen-Festival FIESA **24**, 34
Santa Luzia (MERIAN-Tipp, Tavira) 48
Santa Maria da Misericórdia (Lagos) 71
Santo António (Lagos) 71
São Brás de Alportel 13, 53, **84**, 94
São Lourenço 63
Schifffahrtsmuseum (Faro) 35
Schmuck 21
Seefahrerschule (Sagres) 69, **74**
Segeln 34
Serra de Monchique 6, 80, **93**
Serra do Caldeirão 94
Sheraton Algarve (H, Albufeira) 55
Silves 6, **85**, 91
Sol e Mar (H, Albufeira) 56
Sotavento 7, 27, 33, **38**, 88, 94
Spielzeug 21
Sport und Strände 26
Sprache 112
Sprachführer 100

Städtisches Museum (Lagos) 72
Stierkampf (Albufeira) 58
Stromspannung 112
Surfen 31

T
Tauchen 31
Tavira 7, 28, **45**, 94
Telefon 112
Textilien 21
Themenparks 34
Torre de Aspa (Vila do Bispo) 77
Touren 86, 87, 88, 89, 90, 91, 92, 93, 94, 95
Trinkgeld 16, **113**
Turismo Rural 7, 13

U
Übernachten 12

V
Vale do Lobo 30, 60
Vasco da Gama 9, 35, 98
Verkehrsmittel 113
Verkehrsverbindungen 113
Viana do Castelo 21
Vila Adentro (MERIAN-TopTen, Faro) 39
Vila do Bispo 77
Vila Galé Albacora (H, Tavira) 46
Vila Horizonte (H, Carvoeiro) 68
Vila Joya (H, Albufeira) 55
Vila Real de Santo António 7, **51**, 89, 90, 94
Vila Valverde (H, MERIAN-Tipp, Luz bei Lagos) 74
Vilacampina (MERIAN-Tipp, Luz de Tavira) 51
Vilamonte (H, Fuseta) 44
Vilamoura 28, 30, **64**, 89

W
Wein 16, 60
Wellenreiten 31
Westküste 76
Windpark Bispovento (Vila do Bispo) 77
Wirtschaft 114
Wissenschaftsmuseum (Faro) 35
Wochenmärkte 25
Wolle 21

Z
Zeit 114
Zoll 114
Zoomarine 34

Impressum

Liebe Leserinnen und Leser,
wir freuen uns, Ihre Meinung zu diesem Reiseführer zu erfahren. Bitte schreiben Sie uns, wenn Sie Berichtigungen und Ergänzungsvorschläge haben oder wenn Ihnen etwas besonders gut gefällt:

TRAVEL HOUSE MEDIA GmbH, Postfach 86 03 66, 81630 München
E-Mail: merian-live@travel-house-media.de, Internet: www.merian.de

Die Autoren
Für den Reiseführer von Katja Krabiell übernahm **Nina Kolle** (Jahrgang 1962), Autorin und Fotografin aus Hamburg, die Überarbeitung. Ihre Sehnsucht nach Portugal wurde schon früh geweckt. Mitte der Achtzigerjahre wurde die Algarve zu ihrer Wahlheimat – seitdem ist ganz Portugal immer wieder ihr Reiseziel. Weitere Schwerpunktthemen der Autorin sind europäische Metropolen, Südafrika und Hawaii.

Alle Angaben in diesem Reiseführer sind gewissenhaft geprüft. Preise, Öffnungszeiten usw. können sich aber schnell ändern. Für eventuelle Fehler übernimmt der Verlag keine Haftung.

Bei Interesse an Karten aus MERIAN-Reiseführern schreiben Sie bitte an:
iPUBLISH GmbH, geomatics
Berg-am-Laim-Straße 47
81673 München
E-Mail: geomatics@ipublish.de

Fotos
Titelbild: Sonnenuntergang am Cabo de São Vicente (Photo Press/Ender/SIL)
Alle Bilder C. Lachenmaier außer:
ADC-images 61; Adega do Cantor 61; Castanheiro/S. Baumgarten 30; FIESA 24; R. Freyer 25, 46, 48, 95; Images of Portugal: /P. Miguel Fotografia 88, /Regiao de Tourismo do Algarve 7, 14, 18, 22, 53, 76, 86/87, 92, 101, /R. Morais de Sousa 9, 41, /A. Sacchetti 83; N. Kolle 26, 32, 36/37, 44, 45, 52 (li), 68, 80; laif/Kristensen 96/97; look/Dressler 38; Moinho do Pedro/dos Santos 12; Parque Zoológico de Lagos 35; H.-G. Roth 8, 10/11, 47, 52 (re), 54, 59, 62, 85, 94; Santa Bernarda 34; Schapowalow/Atlantide 64; Schapowalow/SIME 89; secretplaces 50, 78

© **2006 TRAVEL HOUSE MEDIA GmbH, München**
MERIAN ist eine eingetragene Marke der GANSKE VERLAGSGRUPPE.

Alle Rechte vorbehalten. Nachdruck, auch auszugsweise, sowie die Verbreitung durch Film, Funk, Fernsehen und Internet, durch fotomechanische Wiedergabe, Tonträger und Datenverarbeitungssysteme jeglicher Art nur mit schriftlicher Genehmigung des Verlages.

Programmleitung
Susanne Böttcher
Redaktion/Lektorat
Birgit Chlupacek/Rosemarie Elsner
Gestaltung
wieschendorf.design, Berlin
Karten
MERIAN-Kartographie
Produktion
Martina Müller
Satz
Filmsatz Schröter, München
Druck Appl, Wemding
Bindung Auer, Donauwörth
Gedruckt auf
Nopacoat Edition von der Papier Union

1. Auflage
ISBN (10) 3-8342-0095-6
ISBN (13) 978-3-8342-0095-2

Ein Unternehmen der
GANSKE VERLAGSGRUPPE

Algarve

MERIAN-Tipps
Tipps und Empfehlungen für Kenner und Individualisten

1. Moinho do Pedro
Kraft tranken und Genuss zelebrieren: Im romantischen Mühlenanwesen bei Algóz lässt sich beides vereinen (→ S. 13).

2. Colina Verde, Algóz
Ein Sylter Top-Gastronom bittet in traumhaftem Ambiente zu Tisch (→ S. 15).

3. Azulejos
Eine Reise zu den schönsten Kunstwerken auf Fliesen durch die gesamte Region (→ S. 19).

4. Herdade do Castanheiro
Ein Reiterhof für alle! Integrative Ferien und Tagesausflüge hoch zu Ross durch die herrliche Natur bei Lagos (→ S. 31).

5. Santa Luzia
Diese Fisch-Schlemmermeile bei Tavira verspricht höchste Genüsse (→ S. 48).

6. Vilacampina
Ein traumhaftes Designhotel in fruchtbarer Umgebung lädt bei Tavira ein (→ S. 51).

7. Edler Wein von Sir Cliff
Die Adega do Cantor: Neue Weinbaumethoden bürgen für einen guten Algarve-Tropfen (→ S. 60).

8. Alcalar
Hier fand ein Pfarrer Spuren steinzeitlicher Gräber – ein Ausflug in die Vergangenheit (→ S. 65).

9. Luxus pur: Vila Valverde
Neues Design in altem Gemäuer: Wo sich das Ehepaar Beckham vom Pressetrubel erholt (→ S. 74).

10. Entenmuschel-Festival
Feinschmecker treffen sich im Herbst in Aljezur zum Schlemmen (→ S. 79).

← MERIAN-TopTen finden Sie auf Seite 1